"农家书屋"·"送书下乡工程"入选图书

法律帮助一点通

——物业管理

（修订版）

总主编　袁其国

本册执行主编　庞建兵

编著者　王　莹　吕学军　张　虎　张凤荃
　　　　赵旭卿　夏　红　袁晓渝　崔玉磊

中国检察出版社

图书在版编目（CIP）数据

物业管理/袁其国总主编．—修订本．—北京：
中国检察出版社，2008.8
（法律帮助一点通）
ISBN 978-7-80185-207-6

Ⅰ．物…　Ⅱ．袁…　Ⅲ．法律-基本知识-中国
Ⅳ．D920.5

中国版本图书馆CIP数据核字（2008）第133942号

法律帮助一点通——物业管理
总主编　袁其国　本册执行主编　庞建兵

出 版 人：袁其国
出版发行：中国检察出版社
社　　址：北京市石景山区鲁谷西路5号（100040）
网　　址：中国检察出版社（www.zgjccbs.com）
电子邮箱：zgjccbs@vip.sina.com
电　　话：(010)68630385（编辑）68650015（发行）68636518（门市）
经　　销：新华书店
印　　刷：保定市中画美凯印刷有限公司
开　　本：850mm×1168mm　32开
印　　张：5.25印张
字　　数：116千字
版　　次：2009年4月第二版　　2009年4月第六次印刷
书　　号：ISBN 978-7-80185-207-6
定　　价：15.00元

修订说明

《法律帮助一点通》丛书是一套给百姓看的普法类图书，它可以为百姓维权，替百姓解惑，帮助百姓正确运用法律武器维护自身合法权益。本套丛书自2001年首次出版，共计50余个品种，其内容覆盖了日常生活、工作、学习等方方面面。因本书通俗易懂，内容全面，深受广大读者的肯定和欢迎，先后入选国家“农家书屋”、“送书下乡工程”等项目，并荣获中国法律图书优秀奖。

近年来，我国陆续制定、修改了一批法律法规，为了更加贴近百姓日常生活、工作，真正为解决生活、工作中遇到的各种纠纷和问题提供法律帮助，我们在保持本丛书原有优势的基础上，突出了以下特点：

1. 通俗性。丛书修订时仍坚持立足于实际、扎根于大众、为广大读者服务的原则，以问答形式或案例方式拟设了一些人们日常生活中出现的新问题，并依据现行法律、法规和有关规定，提出了相应的解决办法。

2. 新颖性。本套丛书在修订时根据新颁布的法律、法规和司法解释，对案例及问题做出了最新的评析和解答，其中包括《物权法》、《劳动合同法》等最受关注的法律问题。与此同时，对于原丛书未收录在内的常见纠纷，本次修订也进行了适当的补充。

3. 实用性。此次修订工作，对原书中的内容进行了全面整合：法律未作变动的，其涉及的案例及问题基本保持不变；法律重新颁布、修订的，将其涉及的内容重新分析和阐述；法律已废止、修改的，将丛书中相应的内容进行删减；同时，对于原书中重复或类似的问题，进行了合并和精简，大大增加了本书的实用性和可读性。

中国检察出版社
2008 年 10 月

目 录

附 录

一、物业综合知识

1 什么是物业？

物业管理中的物业是指已建成并投入使用的相对集中在一定范围内的各类房屋建筑，以及与之相配套的公用设施、设备及相关的场地。物业按其物理属性一般分为四个组成部分：

（一）建筑物本体，也就是供居住、使用的住宅房屋、厂房、仓库、商场。

（二）附属设备，即房屋建筑内部的各项附属设备，如住宅内部的门窗、卫生洁具及供水、排水、供电、供气等管道设备。

（三）公共设施，即在一个物业管理区域内由业主、使用人共同使用的道路、绿地、停车场所、照明灯具、垃圾箱等。

（四）建筑地块，即物业所占用的场地。

物业按其用途或者功能一般可分为四类：

（一）居住物业，包括住宅小区、单体住宅楼、公寓、别墅等。

（二）商业物业，包括写字楼、商业中心、酒店、宾馆等。

（三）工业物业，包括工业厂房、仓库等。

（四）其他用途的物业，包括车站、码头、机场、学校、医院，等等。

2 什么是物业管理？物业管理的内容主要包括哪些？

物业管理，是指业主通过选聘物业服务企业，由业主和物业服务企业按照物业服务合同约定，对房屋及配套的设施设备和相关场地进行维修、养护、管理，维护物业管理区域内的环境卫生和相关秩序的活动。物业管理的本质就是通过专业的企业或者专业的从业人员的工作，保障物业的正常使用和相关的公共设施设备的正常运行，为业主和物业使用人提供高质量的物业服务。

物业管理的基本内容根据服务性质和提供的方式一般分为三大类，即常规性的公共服务、针对性的专项服务和委托性的特约服务。

以住宅小区为例，常规性公共服务主要包括：（1）房屋共用部位的维护与管理。（2）房屋共用设施设备及其运行的维护和管理。（3）环境卫生、绿化管理服务。（4）小区内的交通、消防和公共秩序等协助管理事项的服务。（5）物业装饰装修管理服务。（6）房屋共用部位、共用设施设备专项维修资金的代管服务。（7）物业档案资料的管理工作。（8）代收代缴收费服务。

针对性的专项服务是指物业服务企业面向广大业主、物业使用人，为满足其中部分住户、群体和单位的一定需要而提供的各项服务工作。其实质上是一种代理业务服务，主要内容有日常生活、商业服务、文教卫生、社会福利以及各类中介服务五大类。

委托性的特约服务是指物业服务企业为了满足业主、物业使用人的个别需求受其委托而提供的服务。实际上特约服务是专项服务的补充和完善，当较多的业主和物业使用人有某种需求时，物业服务企业可以将此特约服务纳入专项服务。

以上三项是物业管理的基本内容，物业服务企业首先要做好常规性的公共服务，同时确定针对性的专项服务、委托性的特约服务，采取灵活多样的经营机制和服务方式，真正为业主提供优质高效的服务。

3 什么是物业管理关系？物业管理法律关系有哪些具体内容？

物业管理关系是法律关系的一种，是法律规范和调整人们在物业管理活动过程中形成的权利与义务关系。在物业管理领域内，主要有民事法律关系和行政法律关系。物业管理民事法律关系是指物业管理活动中业主（业主大会、业主委员会）、使用人、物业开发商、物业服务企业等由于物业本身或合同的约定而形成的民事法律关系，如物业的共有与相邻关系、业主与使用人间的物业使用租赁关系、业主与物业服务企业间的管理委托关系等。物业管理行政法律关系是指物业管理活动中政府有关的行政主管部门与当事人之间发生的管理、监督的法律关系，如房地产行政管理部门与物业服务企业、房地产开发商的管理关系，有关行政机关对业主、物业使用人相关行为的管理关系等。

物业管理法律关系由主体、客体和内容三个要素构成。(1) 物业管理法律关系的主体包括业主、业主大会、业主委员会、物业使用人、物业开发商、物业管理企业、政府行政主管部门和机构。（2）物业管理法律关系的客体是指物业管理法律关系主体权利义务的指向对象，具体分为物、行为和非物质的财富。物是指物业，即建筑物本体、附属设备、公共设施及相关场地。行为是指物业管理中各方主体的具体活动，如业主及物业使用人的行为，物业服务企业的服务行为等。非物质财富是指智力活动成果，如物业小区的荣誉、规划设计等。（3）物业管理法律关系的内容是指物业管理法律关系主体享有的权利和应履行的义务，主要是指业主、物业使用人、业主委员会和物业服务企业的权利义务。

4 《物业管理条例》是什么法律？它在物业管理活动中起什么样的作用？

在我国，物业管理行业是在改革开放中兴起的一个新兴行业。物业管理行业的产生与发展，对于改善人民群众的生活、工作环境，提高城市管理水平，促进住宅建设，实施社会再就业工程，起到了积极而重要的作用。为了进一步有力地促进物业管理行业的发展，2003 年 6 月 8 日国务院颁布了《物业管理条例》并从 2003 年 9 月 1 日起正式施行。2007 年 8 月 26 日依照《国务院关于修改〈物业管理条例〉的决定》对《物业管理条例》做了修订，自 2007 年 10 月 1 日起施行。这是我国第一部物业管理方面的行政性法规，它主要从确立国家对物业管理行政管理秩序的角度来进行规范。它的颁布从根本上解决了我国长期以来物业管理法制建设滞后、相关主体之间的法律责任不清的问题，对规范物业管理活动，维护业主和物业管理企业的合法权益，改善人民群众的生活和工作环境，起到关键作用。它的颁布实施标志着我国物业管理行业从此进入了法制化、规范化发展的轨道，必将有力地促进我国物业管理行业的健康、有序发展。

5 什么是物业管理区域?

物业管理区域，是指根据省、自治区、直辖市人民政府制定的物业管理区域划分办法划定的区域。物业管理区域是物业管理活动中一个十分重要的概念。根据《物业管理条例》第9条的规定，一个物业管理区域成立一个业主大会。建设部颁发的物业管理区域的划分应当考虑物业的共用设施设备、建设物的规模、社区建设的因素等。具体的物业管理区域的划分办法由省、自治区、直辖市制定。

6 什么是物业相邻关系? 物业相邻关系有何法律特征?

物业相邻关系是指两个或两个以上相邻物业的所有权人或使用人在行使相邻物业的占有、使用、收益、处分过程中，彼此给予便利或接受限制而发生的权利义务关系。物业相邻关系的实质是对物业相邻各方合法权益的维护和相邻各方的行使权利的一定限制，以保障各方正确行使其权利，并防止受相邻对方的侵害。因此，物业相邻关系应要求各方在行使权利时不得损害相邻对方的合法权益。

对物业相邻关系，《民法通则》、《城市房产毗连房屋暂行规定》、《物业管理条例》等都有具体规定。《民法通则》第83条规定：“不动产的相邻各方，应当按照有利生产、方便生活、团结互助、公平合理的精神，正确处理截水、排水、通行、采风等方面的相邻关系。给相邻方造成妨碍或者损失的，应当停止侵害，排除妨碍，赔偿损失。”建设部《城市房产毗连房屋暂行规定》第5条规定：“所有人和使用人对房屋的使用和修缮，必须符合城市规划、房地产管理、消防和环境保护等部门的要求，并应按照有利使用、共同协商、公平合理的原则，正确处理毗连关系。”第6条规定：“所有人和使用人对共有、共用的门厅、阳台、屋面、楼道、厨房、厕所以及院路、上下水设施等，应共同合理使用并承担相应的义务；除另有约定外，任何一方不得多占、独占。所有人和使用人在房屋共有、共用部位，不得有损害他方利益的行为。”《物业管理条例》第51条规定：“业主、物业服务企业不得擅自占用、挖掘物业管理区域内的道路、场地，损害业主的共同利益。因维修物业或者公共利益，业主确需临时占用、挖掘道路、场地的，应当征得业主委员会和物业服务企业的同意；物业服务企业确需临时占用、挖掘道路、场地的，应当征得业主委员会的同意。业主、物业服务企业应当将临时占用、挖掘的道路、场地，在约定的期限内恢复原状。”

物业相邻关系的法律特征主要有：

（一）主体是两个或两个以上的业主或物业使用人。其主体可以是公民，也可以是法人。

（二）客体是业主或物业使用人行使权利时所体现的利益，而不是相邻物业本身。

（三）作为物业相邻关系内容的权利是相邻各方的合法权益和方便权利，即相邻权的行使应以从相邻对方取得必要的便利为限度，不能因行使相邻权而损害相邻对方的权益。

7 物业相邻关系主要有哪些类型？

在一个物业管理区域内，物业相邻关系主要包括以下的内容：

（一）相邻通行使用关系。一般来讲，对楼梯、通道、停车场、道路等共用部位、共用设施设备及公共场地，相邻各方都有通行和使用的权利，任何一方不得将其擅自占为己有或改变其用途。若一方设置障碍影响相邻对方正常生活的，相邻对方有权要求其排除妨碍或恢复原状。在物业管理范围内，若有业主或物业使用人擅自损坏、拆除共用设施设备，并造成一定损失的，其他业主有权责令其赔偿损失。当然，相邻各方对共用部位、共用设施设备等负有共同维修的义务。

（二）相邻疆界关系。一般来讲，未经相邻对方同意，擅自越界建造房屋的，应当停止侵害并恢复越界部分的原状。一方因养植花草树木越界影响相邻方的采光、通风或影响相邻方其他权益的，应当采取措施排除妨碍。

（三）相邻排水关系。共用同一排水设施的相邻各方，不得任意破坏、堵截或故意使污水流入相邻房屋。若发生这种情况，相邻对方有权请求停止侵害，并要求其赔偿相应的损失。

（四）相邻环境关系。相邻各方在房屋的使用、修缮以及日常生活中，应严格按照环保的要求和管理规约的规定，不得影响相邻各方的正常生活和学习。若相邻方实施了影响相邻对方正常生活、学习的行为的，相邻对方有权要求其停止侵害，排除妨碍，并赔偿相应的损失。

在实际生活中，一旦出现物业相邻关系的纠纷，相邻各方应本着“有利生产、方便生活、团结互助、公平合理”的原则妥善处理。

二、物业管理公司、业主及业主自治机构

1 什么是物业管理公司？如何理解物业管理公司的法律性质和特征？

物业管理公司是指按照法定程序成立并具有相应资质条件，经营物业管理业务的企业性经济实体，是独立的企业法人。物业管理公司符合法律规定的企业法人的一般特征，即拥有自己独立的财产，能够以自己的名义享有民事权利和承担民事责任。物业管理公司属于服务性企业，它与业主或使用人之间是平等主体关系，它接受业主的委托，依照有关法律法规的规定或合同的约定，对特定区域内的物业实行专业化管理以获取相应报酬。物业管理公司提供的"产品"是服务，属于第三产业的范围。

一般来讲，物业管理公司具有以下基本特征：

（一）法人资格。即有独立的组织、独立的财产，能以自己的名义享受民事权利，承担民事责任。

（二）专业性。国家对物业管理公司要求必须具备相应的资质等级，对其从业人员也要求须有相应的专业技能，以保证其对受委托管理的物业进行专业化的管理服务。

（三）服务性。物业管理公司接受业主的委托，提供的是

专业化的服务活动，这决定了物业管理公司具有明显服务性的特征。

（四）经营性。物业管理公司是企业性的经济实体，以提供有偿服务取得报酬，具有经营性的特点。

2 国家对物业管理企业的资质有何规定？

为提高物业管理水平，促进物业管理行业健康发展，根据《物业管理条例》第32条的规定，国家对从事物业管理活动的企业实行资质管理制度。具体办法由国务院建设行政主管部门制定。早在1999年，建设部就制定了《物业管理企业资质管理试行办法》，2004年2月24日经建设部第29次常务会议讨论通过了《物业管理企业资质管理办法》，自2004年5月1日起施行。

在中华人民共和国境内申请物业服务企业资质，实施对物业管理企业资质管理制度。物业服务企业资质等级分为一、二、三级。国务院建设主管部门负责一级物业服务企业资质证书的颁发和管理。省、自治区人民政府建设主管部门负责二级物业服务企业资质证书的颁发和管理，直辖市人民政府房地产主管部门负责二级和三级物业服务企业资质证书的颁发和管理，并接受国务院建设主管部门的指导和监督。设区的市的人民政府房地产主管部门负责三级物业服务企业资质证书的颁发和管理，并接受省、自治区人民政府建设主管部门的指导和监督。

各资质等级物业服务企业的条件如下：

（一）一级资质

1. 注册资本人民币500万元以上；

2. 物业管理专业人员以及工程、管理、经济等相关专业类的专职管理和技术人员不少于30人。其中，具有中级以上职称的人员不少于20人，工程、财务等业务负责人具有相应专业中级以上职称；

3. 物业管理专业人员按照国家有关规定取得职业资格证书；

4. 管理两种类型以上物业，并且管理各类物业的房屋建筑面积分别占下列相应计算基数的百分比之和不低于100%：

（1）多层住宅200万平方米；

（2）高层住宅100万平方米；

（3）独立式住宅（别墅）15万平方米；

（4）办公楼、工业厂房及其他物业50万平方米。

5. 建立并严格执行服务质量、服务收费等企业管理制度和标准，建立企业信用档案系统，有优良的经营管理业绩。

（二）二级资质

1. 注册资本人民币300万元以上；

2. 物业管理专业人员以及工程、管理、经济等相关专业类的专职管理和技术人员不少于20人。其中，具有中级以上职称的人员不少于10人，工程、财务等业务负责人具有相应专业中级以上职称；

3. 物业管理专业人员按照国家有关规定取得职业资格证书；

4. 管理两种类型以上物业，并且管理各类物业的房屋建筑面积分别占下列相应计算基数的百分比之和不低于100%：

（1）多层住宅100万平方米；

（2）高层住宅50万平方米；

（3）独立式住宅（别墅）8 万平方米；

（4）办公楼、工业厂房及其他物业 20 万平方米。

5. 建立并严格执行服务质量、服务收费等企业管理制度和标准，建立企业信用档案系统，有良好的经营管理业绩。

（三）三级资质

1. 注册资本人民币 50 万元以上；

2. 物业管理专业人员以及工程、管理、经济等相关专业类的专职管理和技术人员不少于 10 人。其中，具有中级以上职称的人员不少于 5 人，工程、财务等业务负责人具有相应专业中级以上职称；

3. 物业管理专业人员按照国家有关规定取得职业资格证书；

4. 有委托的物业管理项目；

5. 建立并严格执行服务质量、服务收费等企业管理制度和标准，建立企业信用档案系统。

另外，新设立的物业服务企业，其资质等级按照最低等级核定，并设一年的暂定期。

一级资质物业服务企业可以承接各种物业管理项目；二级资质物业服务企业可以承接 30 万平方米以下的住宅项目和 8 万平方米以下的非住宅项目的物业管理业务；三级资质物业服务企业可以承接 20 万平方米以下住宅项目和 5 万平方米以下的非住宅项目的物业管理业务。物业服务企业资质实行年检制度。各资质等级物业服务企业的年检由相应资质审批部门负责。符合原定资质等级条件的，物业服务企业的资质年检结论为合格；不符合原定资质等级条件的，物业服务企业的资质年检结论为不合格，原资质审批部门应当注销其资质证书，由相应资质审批部门重新核定其资质等级。资质审批部门应当将物业服务企业资质年检结果向社会公布。

3 国家对物业从业人员有何特殊的规定?

物业管理涉及面广，专业性、技术性强，没有优秀的专业管理人员，没有具备相应专业知识和技能的从业人员，是不可能提供高质量的专业化服务的。因此，《物业管理条例》第33条规定："从事物业管理的人员应当按照国家有关规定，取得职业资格证书。"目前，专门对物业管理领域内的从业人员提出明确规定和要求的，主要是建设部《关于实行物业服务企业经理、部门经理、管理员岗位培训持证上岗制度的通知》。该通知规定了物业管理的高级、中级管理人员，即企业经理、部门经理和管理员全部实行持证上岗，并对岗位培训、持证上岗制定了具体实施办法。对于从业人员，经过岗位培训考核合格，并满足其他方面规定的要求（包括政治思想、职业道德、工作经历、能力、业绩等），由各省、自治区、直辖市建委（建设厅、市政管委）颁发"岗位合格证书"。岗位合格证书是物业服务企业经理、部门经理和管理员上岗的凭证。岗位合格证书的管理实行动态管理、复检制度。复检工作每3年进行一次。

4 设立物业管理公司有什么条件?

设立物业管理公司除取得国家规定的相应资质外，还应符合有关设立公司的相关规定。根据《公司法》及相关法律规定，设立物业管理公司的基本条件是:

（一）股东或发起人必须符合法定人数。如设立有限责任公司，须由50个以下股东出资设立。如设立股份有限公司，需有2人以上200人以下为发起人，其中须有过半数的发起人在中国境内有住所。设立外资性质的物业管理公司，还必须符合有关外资企业法律的特殊规定。

（二）股东出资必须达到法定资本额的最低限度。设立物业管理有限责任公司，注册资本最低不得少于3万元人民币。设立股份有限公司，注册资本最低限额为人民币500万元。

（三）必须有符合规定的公司章程。设立物业管理公司，应当具备《公司法》规定的章程，章程要由股东、发起人共同制定。

（四）有符合规定的公司名称，并建立符合有限责任公司、股份有限公司要求的组织机构。

（五）有公司住所。

5 物业管理公司在物业管理活动中有哪些权利和义务？

物业管理公司在物业管理活动中具体的权利和义务主要由物业服务合同来约定。物业服务合同是服务性的合同，所以物业管理公司对物业的管理属于提供劳务服务的民事活动，而不是一般意义上所讲的“管理”活动，它不是一种行政管理行为。根据《物业管理条例》的相关规定，物业管理公司在物业管理活动中享有的权利主要有：

（一）有权根据有关法律法规及物业管理服务合同的约定，制定物业管理制度或管理办法；

（二）有权依照物业服务合同和管理制度对物业管理区域

进行管理，这既是权利又是物业服务企业的义务；

（三）对物业管理区域内违反有关治安、环保、物业装饰装修和使用等方面法律、法规规定的行为进行制止，并及时向有关行政管理部门报告；

（四）有权依照物业服务合同和相关规定收取物业服务费用。

物业管理公司的义务主要有：

（一）履行物业服务合同，依法进行经营；

（二）接受本物业管理区域内业主委员会和业主、物业使用人的监督；

（三）有义务协助做好物业管理区域内的安全防范工作，发生安全事故时，应及时采取应急措施，同时及时向有关行政管理部门报告，并协助做好救助工作；

（四）接受国家有关行政主管机关和部门的监督指导。

6 什么是业主？什么是物业使用人？

业主是指物业的主人，即房屋等物业的所有权人。业主对物业享有占有、使用、收益和处分的全部权利。业主可以是自然人、法人和其他组织，可以是本国公民或组织，也可以是外国公民或组织。在实际生活中，业主既包括已取得房屋等物业所有权证书的业主，也包括虽未取得所有权证书但已与物业开发商签订买卖协议的物业预购者。需要强调的是，物业买卖合法有效是取得业主合法地位的前提条件。

物业使用人是指不享有物业的所有权，但对物业享有使用权，并按照合同约定或有关法律的规定能够行使业主的部分权利的人。物业使用人主要是物业的承租人。物业使用人只对物业享有占有、使用或者一定条件的收益权，而没有处分的权利。

7 业主在物业管理活动中享有哪些权利和义务？

业主作为物业的所有权人，在物业管理活动中享有一定的权利，同时也必须承担相应的义务。

一般来讲，业主在物业管理活动中的权利主要有：

（一）按照物业服务合同的约定，接受物业服务企业提供的服务；

（二）提议召开业主大会会议，并就物业管理的有关事项提出建议；

（三）提出制定和修改管理规约、业主大会议事规则的建议；

（四）参加业主大会会议，行使投票权；

（五）选举业主委员会委员，并享有被选举权；

（六）监督业主委员会的工作；

（七）监督物业服务企业履行物业服务合同；

（八）对物业共用部位、共用设施设备和相关场地使用情况享有知情权和监督权；

（九）监督物业共用部位、共用设施设备专项维修资金（以下简称专项维修资金）的管理和使用；

（十）法律、法规规定的其他权利。

业主在物业管理活动中应履行的义务主要有：

（一）遵守管理规约、业主大会议事规则；

（二）遵守物业管理区域内物业共用部位和共用设施设备的使用、公共秩序和环境卫生的维护等方面的规章制度；

（三）执行业主大会的决定和业主大会授权业主委员会作出的决定；

（四）按照国家有关规定交纳专项维修资金；

（五）按时交纳物业服务费用；

（六）法律、法规规定的其他义务。

8 什么是业主大会？

根据《物业管理条例》第 8 条的规定，业主大会是代表和维护物业管理区域内全体业主在物业管理活动中的合法权益的自治组织。业主大会的成员是物业管理区域内的业主，物业的承租人和其他实际使用人以及与业主共同居住的亲属不能成为业主大会的成员。一般来讲，物业的使用人对物业管理有一定的权利和义务，其行为会影响到物业的管理，所以物业使用人可以列席业主大会，但没有实质的权利，也不承担实质的义务，没有表决权和选举权。但是物业使用人可以受业主的委托参加业主大会，享有发言权、表决权，但不享有被选举权，不能成为业主委员会的委员。

《物业管理条例》第 9 条规定，一个物业管理区域成立一个业主大会。建设部颁发的《业主大会规程》第 3 条规定，一个物业管理区域内只能成立一个业主大会。业主大会由物业管理区域内的全体业主组成。《物业管理条例》第 10 条规定，同一个物业管理区域内的业主，应当在物业所在地的区、县人民政府房地产行政主管部门或者街道办事处、乡镇人民政府的指导下成立业主大会，并选举产生业主委员会。但是，只有一个业主的，或者业主人数较少且经全体业主一致同意，决定不成立业主大会的，由业主共同履行业主大会、业主委员会职责。

9 未成年业主是否无权参加业主大会？

王某某是一位个体企业主，购有多处房产。其中，在A小区购买的一套住房的产权证上写明产权人是自己12岁的女儿王某。A小区在成立业主委员会时因王某是未成年人，认为其属于限制民事行为能力人，没有独立进行民事活动的能力，因而没有通知王某参加业主大会。

实际上，这种做法是不合法的，其直接的后果是剥夺了王某作为业主而享有的在物业管理活动中的权利。作为业主，在物业管理活动中，不仅享有权利，同时还必须要履行相应的义务，如要遵守管理规约、业主大会的决议，要按时缴纳物业管理费，等等。在物业管理活动中，不能只要求业主承担相应的民事行为的结果（义务），而剥夺其参与民事行为的权利。

根据《民法通则》和有关法律的规定，王某作为业主显然是有权利参加与自己本身的利益相关的民事活动的，这是毋庸置疑的，任何人都无权剥夺这一权利。但是根据《民法通则》的规定，作为12岁的王某，不满18周岁，是属于限制民事行为能力人。限制民事行为能力人只能进行与其年龄、智力相适应的民事活动，而其他的民事活动要由其法定代理人代理。因此，A小区在成立业主委员会的过程中，应通知王某，由其法定代理人（其父母）作为代表参加业主大会。

10 首次业主大会如何成立?

业主大会自首次业主大会会议召开之日起成立。业主筹备成立业主大会的，应当在物业所在地的区、县人民政府房地产行政主管部门和街道办事处（乡镇人民政府）的指导下，由业主代表、建设单位（包括公有住房出售单位）组成业主大会筹备组（以下简称筹备组），负责业主大会筹备工作。因此，筹备组是首次业主大会成立的具体工作机构，是成立业主大会的前提条件。筹备组成立后，具体负责有关业主大会会议的事项。具体来讲，筹备组应当做好以下的筹备工作：

（一）确定首次业主大会会议召开的时间、地点、形式和内容；

（二）参照政府主管部门制定的示范文本，拟定《业主大会议事规则》（草案）和管理规约（草案）；

（三）确认业主身份，确定业主在首次业主大会会议上的投票权数；

（四）确定业主委员会委员候选人产生办法及名单；

（五）做好召开首次业主大会会议的其他准备工作。

对于前面的（一）、（二）、（三）、（四）项的内容应当在首次业主大会会议召开15日前以书面形式在物业管理区域内公告。

筹备组应当自组成之日起30日内在物业所在地的区、县人民政府房地产行政主管部门的指导下，组织业主召开首次业主大会会议，并选举产生业主委员会。

业主大会自首次业主大会会议召开之日起成立。

11 业主在业主大会上的投票权如何确定？

《物业管理条例》第12条规定，业主大会会议可以采用集体讨论的形式，也可以采用书面征求意见的形式；但是，应当有物业管理区域内专有部分占建筑物总面积过半数的业主且占总人数过半数的业主参加。业主大会决定（1）筹集和使用专项维修资金，（2）改建、重建建筑物及其附属设施事项，应当经专有部分占建筑物总面积2/3以上的业主且占总人数2/3以上的业主同意；决定（1）制定和修改业主大会议事规则，（2）制定和修改管理规约，（3）选举业主委员会或者更换业主委员会成员，（4）选聘和解聘物业服务企业，（5）有关共有和共同管理权利的其他重大事项，应当经专有部分占建筑物总面积过半数的业主且占总人数过半数的业主同意。

12 业主大会应履行的职责有哪些？

业主大会作为业主的自治组织机构，应当代表和维护物业管理区域内全体业主在物业管理活动中的合法权益。在实践中其主要的职责是：

（一）制定和修改业主大会议事规则；

（二）制定和修改管理规约；

（三）选举业主委员会或者更换业主委员会成员；

（四）选聘和解聘物业服务企业；

（五）筹集和使用专项维修资金；

（六）改建、重建建筑物及其附属设施；

（七）有关共有和共同管理权利的其他重大事项。

根据《物业管理条例》第19条、第20条的规定，业主大会业主委员会应当依法履行职责，不得作出与物业管理无关的决定，不得从事与物业管理无关的活动。业主大会业主委员会作出的决定违反法律、法规的，物业所在地的区、县人民政府房地产行政主管部门或街道办事处、乡镇人民政府，应当责令限期改正或者撤销其决定，并通告全体业主。同时，业主大会业主委员会应当配合公安机关，与居民委员会相互协作，共同做好维护物业管理区域内的社会治安等相关工作。在物业管理区域内，业主大会业主委员会应当积极配合相关居民委员会依法履行自治管理职责，支持居民委员会开展工作，并接受其指导和监督。住宅小区的业主大会、业主委员会作出的决定，应当告知相关的居民委员会，并认真听取居民委员会的建议。

13 业主大会的形式有哪些？业主大会如何作出决定？其效力如何？

业主大会主要是以会议的形式来开展工作的。一般来讲，业主大会分为定期会议和临时会议。定期会议是指业主大会选举产生业主委员会后，由业主委员会负责召集，每年固定召开会议。定期会议一般按照业主大会议事规则的规定由业主委员会组织召开，一般每年至少一次。临时会议是指非固定的，在特殊情况下召开的会议。《物业管理条例》第 13 条规定，经 20% 以上的业主提议，业主委员会应当组织召开业主大会临时会议。《业主大会规程》第 12 条规定，有下列情况之一的，业主委员会应当及时组织召开业主大会临时会议：（1）20% 以上业主提议的；（2）发生重大事故或者紧急事件需要及时处理的；（3）业主大会议事规则或者管理规约规定的其他情况。发生应当召开业主大会临时会议的情况，业主委员会不履行组织召开会议职责的，区、县人民政府房地产行政主管部门应当责令业主委员会限期召开。

召开业主大会会议，应当于会议召开15日以前通知全体业主。住宅小区的业主大会会议，应当同时告知相关的居民委员会。《业主大会规程》第13条规定，业主委员会应当在业主大会会议召开15日前将会议通知及有关材料以书面形式在物业管理区域内公告。

《物业管理条例》规定，业主大会会议可以采用集体讨论的形式，也可以采用书面征求意见的形式；但是，应当有物业管理区域内专有部分占建筑物总面积过半数的业主且占总人数过半数的业主参加。业主大会决定筹集和使用专项维修资金，改建、重建建筑物及其附属设施事项，应当经专有部分占建筑物总面积2/3以上的业主且占总人数2/3以上的业主同意；决定制定和修改业主大会议事规则，制定和修改管理规约，选举业主委员会或者更换业主委员会成员，选聘和解聘物业服务企业，有关共有和共同管理权利的其他重大事项，应当经专有部分占建筑物总面积过半数的业主且占总人数过半数的业主同意。业主大会会议应当由业主委员会作书面记录并存档。同时，业主大会的决定应当以书面形式在物业管理区域内及时公告。

在实践中，如果业主不能参加会议，可以委托代理人参加业主大会会议，但必须办理合法的委托手续。委托代理人参加业主大会会议可以依照委托行使投票权，但不具备委托代理行使业主的被选举权的资格。

业主大会的决定对物业管理区域内的全体业主具有约束力。业主大会的决定，代表的是全体业主的共同意愿和要求。

作为每一位业主，不管在业主大会会议上投的是反对票，还是弃权票，都必须坚决遵守业主大会作出的各项决定，这是每一位业主最基本的义务。

14 召开业主大会会议时是否全体业主都要到场参加投票？

参加业主大会并对业主大会的相关决定进行投票表决，是每一位业主的权利。任何单位和个人都不能非法剥夺业主参加业主大会会议的这一权利。《物业管理条例》第 8 条也明确规定，业主大会由物业管理区域内的全体业主组成。但是，并不是说每次召开业主大会会议时每位业主都必须到会并投票。《物业管理条例》第 12 条规定，业主大会会议可以采用集体讨论的形式，也可以采用书面征求意见的形式。业主可以委托代理人参加业主大会会议。这项规定是符合实际情况的。特别是在业主人数较多的情况下，到场参加业主大会会议往往要费时费力，给组织召开业主大会会议也带来不便。因此，法律规定了召开业主大会会议可以采用集体讨论和书面征求意见的方式。同时，《业主大会规程》第 16 条规定，物业管理区域内业主人数较多的，可以幢、单元、楼层等为单位，推选一名业主代表参加业主大会会议。推选业主代表参加业主大会会议的，业主代表应当于参加业主大会会议 3 日前，就业主大会会议拟讨论的事项书面征求其所代表的业主意见，凡需投票表决的，业主的赞同、反对及弃权的具体票数经本人签字后，由业主代表在业主大会投票时如实反映。业主代表因故不能参加业主大会会议的，其所代表的业主可以另外推选一名业主代表参加。

15 业主个人是否有权提议召开业主大会？

在物业管理活动中，业主与物业公司往往是纠纷不断。业主对物业管理公司的物业服务常有不满。业主个人往往提出要求召开业主大会，企图通过召开业主大会的形式来要求物业管理公司提高服务质量，改进工作。这种情况不在少数，那么，业主个人是否有权提议召开业主大会呢？

这个问题实际上就涉及业主大会在什么情况下召开的问题。前已述及，业主大会一般分为定期会议和临时会议。业主大会定期会议应当按照业主大会议事规则的规定由业主委员会组织召开。经 20% 以上的业主提议，或发生重大事故或者紧急事件需要及时处理的，或者业主大会议事规则、管理规约规定的其他情况需要临时召开会议的，业主委员会应当组织召开业主大会临时会议。根据这些法律的规定，可以看出，作为业主个人来讲，有提出召开业主大会临时会议的权利。但是业主大会临时会议是否能够召开则是另外一回事。业主大会临时会议可以根据业主的提议随时召开，但是有一定的限制，就是必须是经过 20% 以上的业主提议，才能召开。所以，业主个人虽有权提议召开业主大会，但是这一提议不一定能实现。只有业主个人的提议，不能启动召开业主大会临时会议的程序。如果一个物业管理区域内，有 20% 以上的业主对物业管理公司的服务不满，提出要求召开业主大会的提议时，业主委员会应当组织召开业主大会临时会议。召开业主大会会议时，应当于会议召开 15 日前通知全体业主。

16 业主没有参加业主大会是否可以不接受业主大会作出的决定？

2001 年 12 月，李某在北京 B 小区购买了一套住房，后因公出差到外地负责本公司在外省某分支机构的业务。2002 年 4 月，B 小区召开业主大会时，因李某出差在外，未看到筹备组在物业管理区域内公告的关于召开首次业主大会的通知。后 B 小区业主大会会议召开，选举产生了业主委员会，并通过了管理规约和业主大会议事规则，成立的业主委员会也与前期物业管理中承担物业服务的物业公司续签了物业管理委托服务合同。李某出差回来后，认为自己没有参加业主大会，不接受成立的业主委员会及业主大会通过的决定，要求重新召开业主成立大会，选举新的业主委员会。

李某的说法是否有道理呢？这关键要看召开业主成立大会及业主委员会的成立是否符合法律的规定。

首先，筹备组已在物业管理区域内将召开首次业主大会会议的时间、地点、形式和内容进行了书面公告。李某未能参加业主大会会议的原因是自己出差在外，没有看到公告通知，其责任不在筹备组。其次，李某未参加大会并不影响大会的召开并作出决定。根据《物业管理条例》第 12 条的规定，业主大会会议应当有物业管理区域内专有部分占建筑物总面积过半数的业主且占总人数过半数的业主参加。业主大会决定筹集和使用专项维修资金，改建、重建建筑物及其附属设施事项，应当经专有部分占建筑物总面积 2/3 以上的业主且占总人数 2/3 以上的业主同意；决定制定和修改业主大会议事规则，制定和修改管理规约，选举业主委员会或者更换业主委员会成员，选聘和解聘物业服务企业，以及有关共有和共同管理权利的其他重大事项，应当经专有部分占建筑物总面积过半数的业主且占总人数过半数的业主同意。业主大会的决定对物业管理区域内的全体业主具有约束力。李某虽未参加业主成立大会，但对业主大会作出的决定必须遵守。因此，李某的说法是错误的。

17 在何种情况下，物业管理公司可以被解聘？

作为物业服务合同的一方当事人的业主委员会，可以根据业主大会的决定解聘物业管理公司。根据合同法的有关规定，业主解聘物业管理公司分为自然解聘和提前解聘两种情况。

自然解聘是指物业服务合同期限届满，业主大会作出不再续聘物业管理公司决定时的解聘。

提前解聘，是指在物业服务合同的履行期间，由于某种原因，合同双方或者单方提出终止合同的履行而解除合同。根据合同法的有关规定，提前解除合同又可分为约定解除和法定解除两种情形。

所谓约定解除，是指业主委员会与物业管理公司在合同中约定出现合同解除的情形时一方行使约定解除权进行的合同解除或双方协商一致解除合同。如业主委员会可以与物业管理公司约定提供物业管理服务的事项、范围及服务质量和要求，如果物业管理公司违反约定，使业主的权益受到了损害，业主委员会可以代表业主向物业管理公司提出并要求其改正，对于物业公司拒不改正的，业主委员会可以提议召开业主大会解聘物业管理公司。

所谓法定解除，是指出现了法律直接规定的合同解除的条件时合同被解除。根据《合同法》第 94 条的规定，当出现下列情形之一的，当事人可以解除合同：

（一）因不可抗力致使不能实现合同目的；

（二）在履行期限届满之前，当事人一方明确表示或者以自己的行为表明不履行主要债务；

（三）当事人一方迟延履行主要债务，经催告后在合理期限内仍未履行；

（四）当事人一方迟延履行债务或者有其他违约行为致使不能实现合同目的；

（五）法律规定的其他情形。

18 如何解聘原物业管理公司并选聘新的物业管理公司？

根据《物业管理条例》和相关规定，业主委员会可以根据业主大会的决定解聘物业管理公司并选聘新的物业管理公司。在选聘、解聘物业管理公司时，既要维护广大业主和物业使用人的合法利益，又不得侵害物业管理公司的合法利益。因此，在解聘、选聘物业管理公司的过程中，要遵守有关的法律规定，保证程序上的合法性，同时要妥善处理业主与物业管理公司、原物业管理公司与新聘物业管理公司之间的关系，协调好新旧物业管理公司之间的交接工作，最大限度地保护业主的合法权益，以避免不必要的麻烦和纠纷。

一般来讲，要顺利、合法地解聘物业管理公司，选聘新的物业管理公司，作为业主大会执行机构的业主委员会，需要做好以下几个方面的工作：

（一）收集业主对原物业管理公司的意见，适时召开业主委员会，针对业主的意见进行讨论，确定是否提请召开业主大会决定解聘原物业管理公司的问题。

（二）按《物业管理条例》的规定，组织召开业主大会会议，并向业主大会汇报有关业主对物业管理公司的意见，提请大会讨论解聘原物业管理公司和重新选聘新物业管理公司的有关事项。

（三）经业主大会讨论，表决通过解聘原物业管理公司和新选聘物业管理公司的决定。同时对业主大会关于解聘和选聘物业管理公司的决定向小区内的业主进行公告。

（四）业主委员会将解聘原物业管理公司的决定书面通知物业管理公司。同时选聘新的物业管理公司并与之签订新的物业服务合同。

（五）业主委员会监督新旧物业管理公司按有关法律法规和相关政策的规定办理交接手续，移交相关财产和物业管理资料。

根据《物业管理条例》第12条的规定，业主大会作出选聘和解聘物业管理企业的决定，必须经专有部分占建筑物总面积过半数的业主且占总人数过半数的业主同意。如果达不到规定的投票权的数量要求，则不得解聘原物业管理公司。

19 什么是业主委员会？业主委员会的成立有何法律要求？

业主委员会是经业主大会在全体业主中选举产生的，在物业管理活动中代表和维护全体业主合法权益的组织，是业主大会的执行机构。业主委员会的合法权益受国家法律保护，业主委员会的一切活动都应当遵守国家的法律、法规，遵守物业管理规定以及有关群众团体的有关规定。

根据有关法律的规定，一个物业管理区域内应当成立一个业主委员会。业主委员会由物业管理区域内的业主经过民主选举产生，业主委员会的委员必须是本物业管理区域内的业主，物业使用人没有被选举成为业主委员会委员的资格。业主委员会的成员应该为单数，一般为5～15人组成。业主委员会的成员不得兼任本物业区域内物业管理公司的工作。业主委员会自选举产生之日起30日内，将业主大会的成立情况、业主大会议事规则、管理规约及业主委员会会员名单等材料向物业所在地的区、县人民政府房地产行政主管部门和街道办事处、乡镇人民政府备案。业主委员会备案的有关事项发生变更的，依照前款规定重新备案。业主委员会的主任、副主任在业主委员会的成员中选举产生。业主委员会成员应该由热心公益事业、责任心强、具有一定组织能力的业主担任。

20 业主委员会的职责有哪些?

业主委员会作为业主大会的执行机构，代表着一个物业管理区域内全体业主的合法权益，其主要职责就是代表业主大会实行日常管理，保障物业的安全与合理使用。

根据《物业管理条例》第15条的规定，业主委员会应履行下列职责：

（一）召集业主大会会议，报告物业管理的实施情况；

（二）代表业主与业主大会选聘的物业服务企业签订物业服务合同；

（三）及时了解业主、物业使用人的意见和建议，监督和协助物业服务企业履行物业服务合同；

（四）监督管理规约的实施；

（五）业主大会赋予的其他职责。

业主委员会应当督促违反物业服务合同约定逾期不交纳物业服务费用的业主，限期交纳物业服务费用。

此外，根据《物业管理条例》的有关规定，业主委员会应当依法履行职责，不得作出与物业管理无关的决定，不得从事与物业管理无关的活动。业主委员会作出的决定违反法律、法规的，物业所在地的区、县人民政府房地产行政主管部门或者街道办事处、乡镇人民政府，应当责令限期改正或者撤销其决定，并通告全体业主。同时，业主委员会应当配合公安机关，与居民委员会相互协作，共同做好维护物业管理区域内的社会治安等相关工作。在物业管理区域内，业主委员会应当积极配合相关居民委员会依法履行自治管理职责，支持居民委员会开展工作，并接受其指导和监督。住宅小区的业主委员会作出的决定，应当告知相关的居民委员会，并认真听取居民委员会的建议。

21 业主大会赋予业主委员会的其他职责有哪些？

业主委员会除履行《物业管理条例》第15条规定的职责外，作为业主大会的执行机构，业主委员会还需要履行业主大会赋予的其他一些职责。一般来讲，这些职责主要包括：

（一）组织修订管理规约、业主委员会章程。业主委员会在遵守物业管理法律、法规和相关政策的前提下，有权根据物业管理区域内的实际情况，对管理规约和业主委员会章程进行修改和补充，但修改补充的内容必须经过业主大会的讨论通过。

（二）审核专项维修资金的筹集、使用和管理。业主委员会有权根据物业管理法律、法规的规定，审核专项维修资金的筹集、使用和管理，并报业主大会审议和监督。《物业管理条例》第54条明确规定，专项维修资金属于业主所有，专项用于物业保修期满后物业共用部位、共用设施设备的维修和更新、改造，不得挪作他用。

（三）审核物业服务收费标准及物业费的使用办法。物业服务费用应当根据法律、法规及有关政策的规定，遵循合理、公开、公平的原则，结合物业管理质量、水平和业主的实际承受能力，由业主委员会与物业服务企业协商并经业主大会审议后，通过签订物业服务合同来确定。同时，业主委员会有权对物业服务企业的物业费的使用情况进行监督。

（四）调解物业管理活动中的纠纷。在物业管理活动中，出现物业管理纠纷是不可避免的。物业管理纠纷的解决途径很多，但业主委员会负有通过调解来解决物业管理纠纷的职责。

22 业主委员会委员应当具备哪些条件？业主委员会委员有哪些权利和义务？

业主委员会的委员必须从业主中选举产生。非业主不得成为业主委员会委员。根据《业主大会规程》第21条的规定，业主委员会委员应当符合下列条件：

（一）本物业管理区域内具有完全民事行为能力的业主；

（二）遵守国家有关法律、法规；

（三）遵守业主大会议事规则、管理规约，模范履行业主义务；

（四）热心公益事业，责任心强，公正廉洁，具有社会公信力；

（五）具有一定组织能力；

（六）具备必要的工作时间。

业主委员会委员享有的权利有：

（一）享有选举权、被选举权、表决权和监督权；

（二）参加业主委员会会议并对有关事项进行决策；

（三）参加业主委员会组织的有关活动；

（四）对业主委员会的工作提出建议和批评。

业主委员会委员应履行的义务有：

（一）遵守物业管理法律、法规和业主委员会章程；

（二）应执行业主委员会决定，完成业主委员会布置的各项工作任务；

（三）参加业主委员会的会议、活动等。

23 在哪种情况下，业主委员会委员资格可以终止？

业主委员会委员资格的终止，应由业主大会会议通过。根据《业主大会规程》第 30 条的规定，当有下列情形之一时，业主委员会委员资格终止：

（一）因物业转让、灭失等原因不再是业主的；

（二）无故缺席业主委员会会议连续三次以上的；

（三）因疾病等原因丧失履行职责能力的；

（四）有犯罪行为的；

（五）以书面形式向业主大会提出辞呈的；

（六）拒不履行业主义务的；

（七）其他原因不宜担任业主委员会委员的。

业主委员会委员资格终止的，应当自终止之日起 3 日内将其保管的档案资料、印章及其他属于业主大会所有的财物移交给业主委员会。

另外，经业主委员会或者20%以上业主提议，认为有必要变更业主委员会委员的，由业主大会会议作出决定，并以书面形式在物业管理区域内公告。

24 欠费业主没有做业主委员会委员的资格吗？

据法制日报报道，北京市某小区业主委员会筹备委员会的委员遇到了一个问题：在推选的15名业主委员会委员中有4名欠交物业费，去小区进行业主委员会资格备案时，“小区办”的相关负责人说：“这4个人什么时候交了物业费，什么时候才能批准”。筹备委员会的委员很疑惑，但小区办的人说有文件规定，他们只好照办了。

那么，这种做法是否正确呢？欠交物业费的业主是否就没有被选举为业主委员会委员的资格呢？

实际上，在这个问题中应该明确的是，业主的被选举权与业主欠费是两个不同层次的问题。

首先，业主作为物业的所有权人在物业管理活动中享有较广泛的权利，选举权与被选举权是一项基本的权利。《物业管理条例》第6条规定，业主在物业管理活动中，享有选举业主委员会成员的权利，并享有被选举的权利。因此，从法律角度看，业主是否具有被选举作为业主委员会成员的资格，最主要的前提就是基于他是否具有业主即房屋产权人的身份。业主委员会的委员是按照业主大会法定多数业主的意愿选举出来的，别的任何人无权加以干涉。业主选举或担任业主委员会委员是行使自己私有财产权，而这个权利是受我国宪法保护的，即使是行政管理部门也不能加以干涉。因此，“小区办”剥夺欠费业主被选举为业主委员会委员资格的做法是错误的。

其次，欠费问题是业主与物业服务公司间的一种民事纠纷，与业主是否有资格被选举作为业主委员会委员没有关系。业主和物业服务公司间签订物业服务合同产生了按时交费的合同义务，所以，与按时交费义务相对应的应该是业主享有物业服务的权利。业主因这种权利问题与物业服务公司产生纠纷，发生欠费问题，这是业主与物业公司之间的民事合同纠纷问题，应在合同法的范围内解决。而欠费业主也是业主，他是否应该当选应通过全体业主大会民主选举产生。因此，这种欠费纠纷可以通过协商的途径或者诉讼的方式来解决，而不应和业主的被选举资格搅在一起，更不应该作为业主被选举资格的限定条件。况且，业主欠费的原因很多，不能一概而论。

所以，不能因为业主欠费就剥夺其当选业主委员会委员的资格。

25 业主委员会如何举行会议？

业主委员会应当自选举产生之日起 3 日内召开首次业主委员会会议，推选产生业主委员会主任 1 人，副主任 1 ~ 2 人。业主委员会会议一般包括常规会议和临时会议。业主委员会的常规会议一般应当每季度召开一次。经三分之一以上的业主委员会委员提议或者业主委员会主任认为有必要的，应当及时召开业主委员会临时会议。召开业主委员会会议，召集人应当在会议召开前 7 日内将会议通知及有关的材料送给每位业主委员会委员。业主委员会会议由主任召集，主任因故不能出席的，由副主任召集、主持。

业主委员会会议应当有过半数委员出席，作出决定必须经全体委员人数半数以上同意。业主委员会的决定应当以书面形式在物业管理区域内及时公告。业主委员会会议应当作书面记录，由出席会议的委员签字后存档。

26 业主委员会如何进行换届选举？

根据《业主大会规程》第28条的规定，业主委员会任期届满3个月前，应当召开业主大会会议进行业主委员会的换届选举；逾期未换届的，房地产行政主管部门可以指派工作人员指导其换届工作。

原业主委员会应当在其任期届满之日起10日内，将其保管的档案资料、印章及其他属于业主大会所有的财物移交新一届业主委员会，并做好交接手续。

27 业主委员会是否有权解聘开发商委托的物业管理公司？

业主委员会作为业主大会的执行机构，在物业管理活动中代表和维护全体业主的合法权益，认真听取业主及使用人的意见和建议，监督物业管理公司的服务活动。在实际生活中，如果物业管理公司没有履行自己应尽的义务，提供的服务不能满足广大业主的要求时，业主委员会在职责范围内，可以行使自己的权利。

2001年5月，A房地产公司聘请B物业公司对其开发的C住宅小区进行物业管理。业主在入住时均同意由B公司来对C小区进行物业管理，并认可了A公司与B公司签订的委托管理合同。2002年4月，小区入住率达到了50%并成立了业主委员会，但业主委员会没有与B公司续签物业管理委托合同。后来C小区大部分业主对B公司的服务不满意，要求重新选聘物业公司。业主委员会代表小区业主与B公司协商，B公司不同意解除。C小区业主委员会遂以“B公司物业管理服务差，不能满足小区业主的要求”为由向法院起诉解聘B公司。B公司以“业主同意由该公司来对C小区进行物业管理，并认可了A公司与B公司签订的委托管理合同，业主委员会无权解聘物业公司”为由，请求法院驳回业主委员会的诉讼请求。一审法院经审理认为：根据《物业管理条例》第6条、第11条和《城市新建住宅小区管理办法》第7条的规定，业主委员会可以应广大业主的要求选聘物业公司。法院依法判决C小区业主委员会有权解除A公司与B公司的物业服务委托合同，另行选聘物业公司。

在本案中，法院作出支持业主委员会的诉讼请求是有其法律依据的。《物业管理条例》第11条第4项规定：“选聘和解聘物业服务企业”。第15条规定：“业主委员会执行业主大会的决定事项，履行下列职责：（一）召集业主大会会议，报告物业管理的实施情况；（二）代表业主与业主大会选聘的物业服务企业签订物业服务合同；（三）及时了解业主、物业使用人的意见和建议，监督和协助物业服务企业履行物业服务合同。”在本案中，B物业公司是A房地产公司聘请的，在C小区业主委员会成立前，业主购房并入住小区后就得接受B公司的管理。但在业主委员会成立后，业主委员会在听取大部分业主的意见后，有权召开业主大会，作出续聘或另聘物业管理公司的决定，而不受A公司与B公司与单个业主对原合同承认的限制。在本案中，法院之所以支持了业主委员会的诉讼请求，关键在于业主委员会成立之后没有与B公司续签合同。没有续签，应大部分业主的要求，有权另选其他物业公司并签订物业服务委托合同。

28 什么是管理规约？管理规约的制定有何法律依据？

管理规约，又称为物业管理公约，是一种公共契约，是指业主共同订立或者承诺的，对全体业主具有约束力的有关物业使用、维护、管理及业主的共同利益等方面行为义务的行为准则。管理规约是物业管理中的一个重要的基础性文件，它一般由业主委员根据政府统一制定的管理规约示范文本，结合物业的实际情况进行修改补充，在业主大会上讨论通过后生效。管理规约是全体业主的最高意思自治规则，它属于协议、合同的性质，其目的是在于调整物业管理区域内各业主相互间的关系，为业主创造一个舒适的生活环境。

管理规约一般由业主委员会负责草拟并且经过业主大会或者业主代表大会审议通过。还有一种情况是由建设单位制定的临时公约。这种公约是由建设单位在销售物业之前制定（或由建设单位委托物业服务公司起草制定），在销售物业前向物业买受人明示，并由物业买受人在与建设单位签订物业买卖合同时予以书面确认。因此，临时管理规约将在业主大会订立正式的公约前，约束已入住业主对物业的使用、维护、管理行为。

订立管理规约是一种民事法律行为，所以必须遵守国家有关法律的规定。《民法通则》第54条规定："民事法律行为是公民或者法人设立、变更、终止民事权利和民事义务的合法行为。”第55条规定：“民事法律行为应当具备下列条件：（一）行为人具有相应的民事行为能力；（二）意思表示真实；（三）不违反法律或者社会公共利益。”第56条规定：“民事法律行为可以采取书面形式、口头形式或者其他形式。法律规定用特定形式的，应当依照法律规定。”第83条规定：“不动产的相邻各方，应当按照有利生产、方便生活、团结互助、公平合理的精神，正确处理截水、排水、通行、通风、采光等方面的相邻关系。给相邻方造成妨碍或者损失的，应当停止侵害，排除妨碍，赔偿损失。”管理规约正是依据这些法律规定由全体业主共同约定、相互制约、共同遵守的有关物业使用、维修和其他特定服务活动的行为准则，是实行自治管理的重要表现形式。管理规约对物业管理区域内的全体业主和物业使用人都有约束力。当业主转让物业或发生继承时，管理规约效力不受影响，继续约束新业主。业主大会、业主委员会的相关规定均不得违反管理规约，否则无效。

29 怎样制定管理规约？

管理规约是全体业主的共同意思表示，其制定与修改必须经过全体业主的共同参与。当然管理规约不可能反映单个业主的个人的主张和意见，而是经过业主大会讨论，以多数人的表决通过的。

一般来讲，制定管理规约应遵循以下几个方面的程序：第一，了解和研究有关国家对物业管理的法律、法规和相关的政策，特别是要了解和研究相关部门发布的《管理规约示范文本》。这是制定管理规约的前提。第二，根据《管理规约示范文本》的相关内容，结合本物业管理区域内的具体情况，制定出本物业管理区域内的管理规约（草稿）。第三，召开业主大会，由参加业主大会的业主对管理规约（草稿）进行讨论、修改。第四，业主大会经过讨论后，经过多数人同意表决后通过管理规约，由业主签字，管理规约正式生效。

《物业管理条例》第12条规定，业主大会作出制定和修改管理规约、业主大会议事规则，应当经专有部分占建筑物总面积过半数的业主且占总人数过半数的业主同意。这是一项硬性的规定，如果达不到所规定的投票权的人数，则需要重新进行修改、投票通过。

30 管理规约对物业管理区域内的物业使用人是否有约束力？

根据《物业管理条例》第17条第3款的规定，管理规约对全体业主具有约束力。所以，管理规约一旦生效，对全体业主都有约束力，全体业主必须遵守，如有违反，则要承担相应的责任。

在实际生活中，业主买房后，并不都是自己居住，有的是将房屋出租，有的是将房屋借给自己的亲朋好友使用。实际使用房屋的人也就是物业使用人。往往有一些物业使用人，认为管理规约不是自己签的，对自己没有约束力。因此，在使用物业的过程中会有一些违反管理规约的行为，由此发生一些纠纷。

根据《物业管理条例》第48条规定，物业使用人在物业管理活动中的权利义务由业主和物业使用人约定，但不得违反法律、法规和管理规约的有关规定。物业使用人违反本条例和管理规约的规定，有关业主应当承担连带责任。因此，不管是业主也好，还是物业使用人也好，只要是在一个物业管理区域内生活、工作，就得遵守本物业管理区域内的管理规约。因为管理规约虽然是由业主大会通过，由业主签字的，但其目的是为了规范一个物业管理区域内人们对物业的使用行为，以创造一个良好的生活、工作环境。作为出租或出借房屋的业主来讲，也不愿物业使用人有违反管理规约的行为。如果物业使用人有违反管理规约的行为，作为业主来讲要承担连带责任。《物业管理条例》之所以规定业主的连带责任，其目的也就是要求业主来约束非业主的物业使用人要遵守管理规约。所以，作为物业使用人来讲，要自觉遵守管理规约。

31 开发商、业主、业主大会、业主委员会、物业管理公司以及政府管理部门之间是何关系？

开发商与业主之间是一种合同关系，这种合同关系是商品房买卖的合同关系。开发商作为房屋的原业主将其开发的房屋卖给购房者，购房者交付房款后取得房屋的所有权，成为房屋的新业主。对尚未出售的房屋，开发商仍是房屋的合法产权人，开发商也是业主，与其他业主一样，享有业主的权利并承担相应的义务。

业主、业主大会、业主委员会与物业管理公司之间是委托与被委托的法律关系，双方是平等的民事主体，不存在管理与被管理的关系。双方基于物业服务合同的关系，享有权利并承担相应的义务。

业主大会由物业管理区域内的全体业主组成，是代表全体业主开展物业管理活动、维护全体业主合法权益的自治组织。业主有权参加业主大会，享有相应的权利。对尚未售完的房屋，开发商也是业主，有权利参加业主大会并行使相应的权利。在前期物业管理中，由开发商选聘物业管理公司对小区内的物业进行前期物业管理。开发商对于召开首次业主大会会议具有协助义务：当物业管理区域内入住的业主达到一定数量，具备业主大会成立的条件时，应及时告知有关主管部门；积极配合协助成立筹备委员会；提供参考资料；配合做好选举工作。

业主委员会是业主大会的执行机构，代表业主大会在闭会期间行使权利和履行义务，实行日常管理。

物业管理公司与开发商之间通常有两种关系：一种是从属关系，即物业管理公司是开发商的分支机构或子公司；另一种是合同关系，即开发商作为房屋产权人，在前期物业管理中通过招标投标的方式第一次选聘物业管理公司。当物业管理区域内的业主大会成立后，选聘新的物业管理公司后，物业管理公司的工作则由业主、业主委员会负责监督，开发商将有关的物业资料移交后，与物业管理公司之间将存在法律上的联系。

政府管理部门作为行政机关，与开发商、业主、业主大会、业主委员会、物业管理公司之间是指导与被指导、监督与被监督、协调与被协调的法律关系。开发商、业主、业主大会、业主委员会、物业管理公司的行为和作出的有关决定不得违反国家有关法律、法规和政府管理部门的有关规定。

32 业主大会议事规则有哪些内容？

《物业管理条例》第 18 条规定，业主大会议事规则应当就业主大会的议事方式、表决程序、业主委员会的组成和成员任期等事项作出约定。因此，业主大会议事规则的主要内容包括：

（一）业主大会的议事方式、表决程序等事项。业主大会议事规则要规定涉及全体业主利益事项的决定方式，是通过书面的、口头的或者在物业管理区域内公告的形式。规定业主大会召开会议时，对法定人数的规定；规定与会时业主对所议事项进行表决的方式；规定业主大会形成决定的程序。

（二）业主委员会的组成和成员任期。《物业管理条例》只规定了“业主委员会主任、副主任在业主委员会委员中推选产生。”其他有关业主委员会的组成、成员的任期，都需要在业主大会议事规则中明确规定。业主大会议事规则作为规范业主委员会的组织和活动的基本规则，在业主委员会存续期间具有非常重要的意义。

（三）其他事项。其他事项主要是指，业主大会和业主委员会开展工作的经费的筹集、管理、使用及监督；业主大会和业主委员会的印章的刻制、使用、管理及违反印章使用规定的相关责任等。

33 怎样选聘满意的物业管理公司？

物业管理公司的好坏直接关系到每位业主的切身利益，所以选择好的物业管理公司显得尤为重要。在实践中，选择一家服务好的物业管理公司，应注意以下几个方面：

（一）选择具有国家规定的从事物业管理一定资质条件的物业管理公司。这是首要的条件。国家对于从事物业管理的企业制定了资质定级管理的制度，规定只有具备了一定资质条件的物业管理企业才能从事与其能力相适应的物业管理活动。资质等级高的物业管理企业，往往具备较丰富的管理经验，有符合条件的专业从业人员，能够为业主提供较满意的服务。

（二）选择管理规模较大的物业管理公司。在资质相同的情况下，物业管理公司的管理规模，往往代表了公司的实力。规模较大的物业管理公司，其实力也较强，管理体制也较成熟和完善，内部的专业分工也较细，同时规模性经营也能降低成本。这类公司往往能够提供优质、高效的服务，而费用又相对较低。

（三）选择经营意识强的物业管理公司。经营意识强的公司，往往很重视业主的意见和需求，很注重自己的公司品牌，能够遵循市场规律，不断提高自己的服务质量。

当然，在实际选择物业管理公司时，还要进行相应的实地考察或通过公开招投标的方式，综合各方面的情况来选择服务质量好的物业管理公司。

34 居委会是否有权选聘物业管理公司？

在实践中，由于我国物业管理产生和发展的时间不长，物业管理方面长期以来也未形成较完善的法律法规体系，所以业主的物业管理意识也不强。因此在实践中，有些居民小区的居民委员会为了加强对物业小区的管理，擅自委托物业管理公司对小区进行物业管理的情况。

居民委员会是否有权选聘物业管理公司来对小区进行管理呢？居民委员会的这种行为有何法律依据呢？

实际上，根据我国的有关法律规定，居委会是无权为小区选聘物业管理公司的，居委会擅自委托物业管理公司来对小区进行物业管理也没有任何法律的依据。这是由居委会的性质所决定的。在我国，居委会是居民自我管理、自我教育、自我服务的基层群众性自治组织，它是在政府或者政府的派出机构的指导、支持下开展工作的。如果居委会与物业管理公司签订了物业服务合同，一旦发生物业管理纠纷，势必会造成无法妥善处理的后果。因为居委会作为基层群众性自治组织，不可能成为一个小区的产权人，它不享有对小区物业的权利，同时也不承担物业管理活动中作为业主的义务。作为自治性的群众性组织在无委托的情况下不能代表业主行使民事行为的权利。

实际上，业主参与自治管理的方式，只能通过参加业主大会并选举产生业主委员会的形式来实现。根据我国的法律规定，房地产开发企业在出售住宅小区房屋前，其作为唯一的产权人，有权利和义务选聘物业管理公司并与其签订物业服务合同来对物业小区进行管理。当物业小区成立业主大会并选举产生业主委员会后，业主委员会有权代表全体业主与物业管理公司签订委托服务合同。当业主或业主委员会与物业管理公司就物业合同中约定的物业管理服务事项发生矛盾或纠纷时，居委会可以进行协调处理，但不能代替业主或业主委员会来选聘物业管理公司。

三、前期物业管理与物业服务

❶ 业主在购房时签订临时管理规约应该注意哪些事项？

临时管理规约是由建设单位根据国家有关的物业管理法律、法规和相关政策，结合所准备销售物业的实际情况，制定的最初的管理规约文本。建设单位制定的临时管理规约，不得侵害物业买受人的合法权益。购房者在购买房屋时，建设单位应当在物业销售前向购房者明示临时管理规约，并予以说明。购房者在与建设单位签订物业买卖合同时，应当对遵守临时管理规约予以书面承诺。从这个意义上讲，临时管理规约就成为物业买卖合同的附属文件。这就意味着，购房者一旦签订了买卖房屋的合同，成为业主，就必须遵守临时管理规约。而临时管理规约往往涉及建设单位、物业管理企业、业主等多方在物业的使用、维护和管理等方面的权利和义务。所以，购房者在买房签订临时管理规约时一定要注意，以防上当受骗。因此，需要注意的事项是：

第一，要认真阅读临时管理规约的内容，了解所购买的物业的基本情况，包括业主大会召开的条件、程序，物业管理的服务标准、收费标准，签约各方的权利义务，违约责任和纠纷的处理等。

第二，要确认临时管理规约是否与国家颁布的管理规约（示范文本）或本省市发布的有关格式文本在内容和结构上相符，是否存在一些约束业主的不平等条款或规定，是否存在权利义务不对等的情况，是否有与国家有关法律法规政策相冲突之处。

第三，有些地方，对临时管理规约规定了核准登记制度，如北京市要求，建设单位制定的管理规约必须报送北京市国土房管局市居住小区管理办公室核准登记。在这种情况下，一方面可向有关部门查询，另一方面可要求建设单位出示有关核准的文件通知等。

第四，向专业人士咨询。临时管理规约涉及业主的切身利益，因此，购房者在签订管理规约、购房合同时，有必要向专业律师或法学专家进行咨询，了解国家有关的法律规定，以提高自己的审查能力，避免不必要的损失。

2 什么是前期物业管理？前期物业管理的内容有哪些？

前期物业管理是物业管理中的一个重要方面，它是指在业主、业主委员会与物业服务企业签订正式物业服务合同前，由建设单位选聘的物业服务企业，根据双方签订的前期物业服务合同的约定而对物业实施的管理。《物业管理条例》第21条明确规定，在业主、业主大会选聘物业服务企业之前，建设单位选聘物业服务企业的，应当签订书面的前期物业服务合同。

前期物业管理与一般意义上的物业管理不同。前期物业管理存在于业主、业主大会选聘物业服务企业以前。在前期物业管理阶段，存在着业主、建设单位和物业服务企业三个利益相互联系的主体。在这期间，三者的关系是：业主与建设单位之间的房屋买卖关系已经成立，建设单位与物业服务企业之间是委托与被委托的合同关系，业主与物业服务企业之间存在着实质上的物业管理关系，虽然两者之间并没有合同关系。在前期物业管理中，由于建设单位的房屋尚未销售完，业主大会、业主委员会不可能成立，但是已有一部分的业主入住。为保证入住业主的利益，法律规定，在前期物业管理阶段，建设单位应当选聘物业服务企业对物业进行管理。对此，《物业管理条例》有较明确的规定；如第24条规定，国家提倡建设单位按照房地产开发与物业管理相分离的原则，通过招投标的方式选聘具有相应资质的物业服务企业。第25条规定，建设单位与物业买受人签订的买卖合同应当包含前期物业服务合同约定的内容。

前期物业管理的内容一般来讲，与正常时期的物业管理基本一致，包括了对物业及其共用部位、共用设备设施及其运行的维护和管理，物业的装修管理，物业管理区域内的环境卫生、交通秩序与车辆停放、安全防范管理等内容。但是前期物业管理毕竟不同于正常的物业管理，其有特殊的内容，具体来讲，主要有：（1）物业管理机构的设立及人员的配备。物业管理企业与建设单位签订合同后，就应着手组建管理该物业的机构，选配相关的管理人员和操作人员并进行相应的培训。（2）对物业进行整体接管验收。（3）制定并公布相应的管理规定。如根据有关法律和政策，制定本物业管理区域内的管理制度和《物业使用守则》并告知业主。（4）对业主进行“进户管理”。（5）建立健全物业管理档案资料。档案资料包括业主资料和物业资料。（6）装修搬迁管理。即向业主宣传装修的有关法律法规，并对业主的装修加强监督管理。（7）在前期物业管理结束时，与新的物业服务企业或业主委员会办理物业管理交接手续。

3 什么是前期物业服务合同？前期物业服务合同的内容有哪些？

前期物业服务合同又称为前期物业服务协议，是前期物业管理阶段，建设单位与物业服务企业签订的对物业进行维修、养护和管理的协议，是物业服务企业被授权开展物业管理的依据，是物业建设和管理顺利进行衔接的重要文件。《物业管理条例》第25条规定，建设单位与物业买受人签订的买卖合同应当包含前期物业服务合同约定的内容。因此，前期物业服务合同涉及的当事人有物业的建设单位、物业服务企业和前期入住的业主。

前期物业服务合同具有短期过渡性，它存在于业主购买物业并与建设单位签订买卖合同后至业主大会召开并成立业主委员会重新选聘物业服务企业前的过渡期内。当业主委员会成立后，业主委员会代表全体业主选聘物业服务企业并与其签订物业服务合同生效后，前期物业服务合同效力终止。《物业管理条例》第26条规定，前期物业服务合同可以约定期限；但是，期限未满、业主委员会与物业服务企业签订的物业服务合同生效的，前期物业服务合同终止。

4 什么是“进户管理”？在前期物业管理中，物业服务企业如何进行“进户管理”？

“进户管理”是指业主或物业使用人收到书面通知书并在

规定期限内办理完相应手续并实际入住。物业服务企业在前期物业管理中，为保证业主或物业使用人能够顺利入住，应履行的职责是：（1）物业服务企业在物业正式使用条件完全具备后，向业主或物业使用人发出入住的书面通知书。（2）业主或物业使用人在接到入住通知后，在规定的时间内对自己所购物业进行实地验收。（3）在业主或物业使用人对物业验收结束后，即可签订《物业服务公约》或管理规约。（4）业主或物业使用人如实填写登记卡，如姓名、名称、通讯方式、物业的具体内容及车辆泊位等情况。（5）物业服务企业向业主或使用人发放《用户手册》，并告知小区物业管理的有关规定。（6）物业服务企业应向业主或使用人介绍物业管理区域和社区相关部门的办事机构，使业主能够顺利地办理相关的手续。（7）办妥相关手续后，业主或使用人即可领取钥匙，完成进户程序。

5 建设单位如何通过招标投标选聘物业服务企业？

物业管理招投标是物业管理招标行为和物业管理投标行为的有机结合，通过物业管理的招标投标活动，招投标双方主体在平等互利的基础上建立起一种新型的劳务合同关系。《物业管理条例》第24条规定："国家提倡建设单位按照房地产开发与物业管理相分离的原则，通过招投标的方式选聘具有相应资质的物业服务企业。"该条第2款又规定："住宅物业的建设单位，应当通过招投标的方式选聘具有相应资质的物业服务企业；投标人少于3个或者住宅规模较小的，经物业所在地的区、县人民政府房地产行政主管部门批准，可以采用协议方式选聘具有相应资质的物业服务企业。"对于违反本条规定的，

《物业管理条例》第57条规定了应承担相应的法律责任："住宅物业的建设单位未通过招投标的方式选聘物业服务企业或者未经批准，擅自采用协议方式选聘物业服务企业的，由县级以上地方人民政府房地产行政主管部门责令限期改正，给予警告，可以并处10万元以下的罚款。"所以，通过招投标方式选聘物业管理公司是必须，协议选择是例外，且必须符合一定的条件。

根据《招标投标法》和《前期物业管理招标投标管理暂行办法》的相关规定，具体招投标的程序如下：

（一）确立招标时间。对于新建现售商品房项目应当在现售前30日内完成；对于预售商品房项目应当在取得《商品房预售许可证》之前完成；对于非出售的新建物业项目应当在交付使用前90日内完成。因此，如果招标人想通过招投标方式选聘物业管理公司，应在规定的期限内完成招标工作。

（二）进行备案。物业管理招投标活动实行备案制度。招标人应当在发布招标公告或者发出投标邀请书的10日前，将有关的材料报物业项目所在地的县级以上地方人民政府房地产行政主管部门备案。提交的材料包括：（1）与物业管理有关的物业项目开发建设的政府批件；（2）招标公告或者投标邀请书；（3）招标文件；（4）法律、法规规定的其他材料。房地产行政主管部门发现招标有违反法律、法规规定的，应当及时责令招标人改正。

（三）选择招标方式。招标人可以采用公开招标或邀请招标的方式。采用公开招标方式的，应当在公共媒介上招标公告，并同时在中国住宅与房地产信息网和中国物业管理协会网上发布免费招标公告。招标公告应当载明招标人的名称和地址，招标项目的基本情况以及获取招标文件的办法等事项。招标人采取邀请招标方式的，应当向3个以上物业服务企业发出投标邀请书。投标邀请书的内容应当与公开招标公告的内容相同。

（四）编制招标文件。招标人招标前应编制招标文件，招标文件中包括：(1) 招标人及招标项目简介，包括招标人名称、地址、联系方式、项目基本情况、物业管理用房的配备情况等；(2) 物业管理服务内容及要求，包括服务内容、服务标准等；(3) 对投标人及投标书的要求，包括投标人的资格、投标书的格式、主要内容等；(4) 评标标准和评标方法；(5) 招标活动方案，包括招标组织机构、开标时间及地点等；(6) 物业服务合同的签订说明；(7) 其他事项的说明及法律法规规定的其他内容。招标人应当确定投标人编制投标文件所需要的合理的时间。公开招标的物业管理项目，自招标文件开始发出之日起至投标人提交投标文件截止之日止，最短不得少于20日。

（五）投标单位资格审查。公开招标的招标人可以根据招标文件的规定，对投标申请人进行资格预审。经资格预审后，公开招标的招标人应当向资格预审合格的投标申请人发出资格预审合格通知书，告知获取招标文件的时间、地点和方法，并同时向资格不合格的投标申请人告知资格预审结果。在资格预审合格的投标申请人过多时，可以由招标人从中选择不少于5家资格预审合格的投标申请人。

（六）组织勘察现场。招标人根据物业管理项目的具体情况，可以组织潜在的投标申请人踏勘物业项目现场，并提供隐蔽工程图纸等详细资料。对投标申请人提出的疑问应当予以澄清并以书面形式发送给所有的招标文件收受人。

（七）报送投标文件。投标人应当按照招标文件的内容和要求编制投标文件，投标文件应当对招标文件提出的实质性要求和条件作出响应。投标文件应当包括以下内容：（1）投标函；（2）投标报价；（3）物业管理方案；（4）招标文件要求提供的其他材料。投标人应当在招标文件要求提交投标文件的截止时间前，将投标文件密封送达投标地点。

（八）开标、评标、决标。

开标应当在招标文件确定的提交投标文件截止时间的同一时间公开进行；开标地点应当为招标文件中预先确定的地点。开标由招标人主持，邀请所有投标人参加。

评标由招标人依法组建的评标委员会负责。评标委员会由招标人代表和物业管理方面的专家组成，成员为5人以上单数，其中招标人代表以外的物业管理方面的专家不得少于成员总数的2/3。评标委员会的专家成员，应当由招标人从房地产行政主管部门建立的专家名册中采取随机抽取的方式确定。与投标人有利害关系的人不得进入相关项目的评标委员会。评标委员会成员应当认真、公正、诚实、廉洁地履行职责。评标委员会应当按照招标文件确定的评标标准和方法，对投标文件进行评审和比较，并对评标结果签字确认。

评标委员会完成评标后，应当向招标人提出书面评标报告，阐明评标委员会对各投标文件的评审和比较意见，并按照招标文件规定的评标标准和评标方法，推荐不超过3名有排序的合格的中标候选人。招标人应当按照中标候选人的排序确定中标人。当确定中标的中标候选人放弃中标或者因不可抗力提出不能履行合同的，招标人可以依序确定其他中标候选人为中标人。

招标人应当在投标有效期截止时限30日前确定中标人。投标有效期应当在招标文件中载明。招标人应当向中标人发出中标通知书，同时将中标结果通知所有未中标的投标人，并应当返还其投标书。

招标人应当自确定中标人之日起15日内，向物业项目所在地的县级以上地方人民政府房地产行政主管部门备案。

（九）签订物业服务合同。招标人和中标人应当自中标通知书发出之日起30日内，按照招标文件和中标人的投标文件订立书面合同；招标人和中标人不得再行订立背离合同实质性内容的其他协议。

6 什么是物业服务合同？

物业服务合同，是指业主（业主委员会）与物业服务企业之间订立的约定双方在物业服务活动中权利义务的协议。在物业管理活动中，物业服务合同起着十分重要的作用，它是物业服务企业对物业实施管理的法律依据。物业服务合同是属于提供服务的委托合同，业主或业主委员会与物业服务企业之间是委托与受委托的关系。订立物业服务合同时一般应采用书面的形式。

7 物业服务合同的主要内容有哪些？

物业服务合同是属于委托合同的一种，必须符合合同法的有关规定。《合同法》第12条规定，合同的内容由当事人约定，一般包括以下条款：

（一）当事人的名称或者姓名和住所；

（二）标的；

（三）数量；

（四）质量；

（五）价款或者报酬；

（六）履行期限、地点和方式；

（七）违约责任；

（八）解决争议的方法。

《合同法》同时又规定，当事人可以参照各类合同的示范文本订立合同。根据《物业管理委托合同示范文本》，物业服务合同的主要内容有：

（一）业主、业主委员会和物业服务企业的名称、住所；

（二）物业管理区域的范围和物业管理服务的事项；

（三）物业管理服务的质量、要求或标准；

（四）双方的权利与义务；

（五）物业管理服务的费用；

（六）物业服务合同的期限；

（七）违约责任；

（八）合同终止和解除的约定；

（九）双方当事人约定的其他事项。

8 物业服务合同中约定的物业管理事项的内容有哪些？

在物业服务合同中，双方当事人应明确约定物业管理服务事项的范围，一般情况下，对以下事项应明确约定：

（一）物业共用部位的维修、养护和管理，包括：楼盖、屋顶、外墙面、承重结构、楼梯间、走廊通道、门厅等；

（二）共用设施、设备的维修、养护、运行和管理，包括：共用的上下水管道、落水管、垃圾道、烟囱、共用照明、天线、中央空调、暖气干线、供暖锅炉房、高压水泵房、楼内消防设施设备、电梯等；

（三）市政公用设施和附属建筑物、构筑物的维修、养护和管理，包括道路、室外上下水管道、化粪池、沟渠、池、井、自行车棚、停车场等；

（四）物业管理区域内的公用绿地、花木、建筑小品等的养护与管理；

（五）附属配套建筑和设施的维修、养护和管理，包括商业网点、文化体育娱乐场所等；

（六）物业管理区域内公用环境卫生的管理，包括公共场所、房屋共用部位的清洁卫生、垃圾的收集、清运等；

（七）物业管理区域内的交通与车辆停放秩序的管理；

（八）物业管理区域的安全防范服务，包括安全监控、巡视、门岗执勤等；

（九）物业档案资料的管理，即管理与物业相关的工程图纸、住用户档案与竣工验收资料等。

在实践中，除了约定上述物业管理区域内的公共管理事项外，当事人也可约定下列物业服务事项：

（一）业主或物业使用人房屋自用部位、自用设施及设备的维修、养护等管理事项；

（二）业主或业主委员会委托的其他物业管理服务事项。

9 在哪些情况下物业服务合同效力终止？

根据《合同法》和《物业管理条例》及其他法律的相关规定，在下列情况下，物业服务合同的效力终止：

（一）物业合同约定的期限已届满，而双方又未续签合同时，物业服务合同的效力终止。

（二）双方协商同意解除的，合同效力终止。在物业管理活动过程中，业主委员会与物业服务企业双方经过协商，同意解除合同时，合同效力终止。

（三）出现双方约定的解除合同的情形时，物业服务合同的效力终止。在物业管理活动过程中，当出现了物业服务合同中约定的解除合同的情形时，双方可解除合同，此时的合同效力终止。

（四）物业服务企业因被解散、破产等原因而注销时，合同效力终止。这种情况出现时，作为合同当事人一方的物业服务企业的主体资格已经丧失，同时，物业服务企业也不可能再履行物业服务合同所约定的义务，物业服务合同的效力终止。业主大会可以选聘新的物业服务企业，并由业主委员会重新签订物业服务合同。

（五）其他原因。如由于一些政策性的影响或其他原因致使合同不能履行时，合同效力终止。

10 物业公司是否有权以业主拒签管理规约为由扣押房屋钥匙？

在实际生活中，往往会有一些购房者在买房后办理入住手续的时候，被告知要找物业管理公司办理。物业管理公司让业主填表、签订管理规约、交费、给钥匙等。有些物业管理公司要求业主一次性交齐一年或更长时间的物业管理费，引起业主不满而拒绝交费；有些业主认为管理规约含有不公平、不合理的内容而拒绝签约；有些业主则是由于其他问题与物业管理公司发生争执。在这种情况下，有些物业公司就会采取不给钥匙的做法。那么，物业公司是否有权这样做呢？

要确认物业公司是否有权这样做，首先要弄清楚这里面的法律关系。实际上，在这里需要区分两种法律关系，即业主与开发商间的房屋买卖合同关系和业主与物业管理公司间的物业管理关系。

在业主与开发商间的房屋买卖合同关系中，业主享有按合同约定取得房屋的权利，并负有向开发商付款的义务，作为合同一方的开发商则有向业主收取房款的权利并负有向业主按合同约定交付房屋的义务。根据《合同法》第 60 条规定："当事人应当按照约定全面履行自己的义务。"因此，当业主已经按照房屋买卖合同的约定，向开发商交付了全部的购房款后，开发商就应该履行其向业主交付房屋的义务。交付房屋，就是给业主办理入住手续，给业主钥匙，使得业主能够占有、使用该房屋，这样才算履行了开发商的义务。

而在物业管理法律关系中，业主有权要求物业管理公司按约定提供相应的物业服务，并负有向物业管理公司交付约定的物业服务费用等义务，同时物业管理公司有权按约定向业主收取物业管理费用并负有提供符合约定的物业服务的义务。物业管理法律关系成立的前提是业主与物业管理公司签订物业服务合同。

因此，从上述分析可以看出，房屋买卖法律关系与物业管理法律关系是相互独立的两种法律关系，其主体、内容和客体是截然不同的。向业主交付房屋是开发商的义务。业主如已按约定履行了付款的义务，则开发商必须向业主交付房屋。至于交付房屋的义务，业主可以自己履行，也可以委托第三方代为履行，但不得损害业主的利益。在实际生活中，开发商往往委托物业管理公司来履行交付房屋的义务。但物业管理公司向业主交付房屋，是代开发商履行义务，只能以开发商的名义，不能以自己的名义。显然，物业管理公司以业主拒签管理规约而不给业主房屋钥匙的行为，是将自己在物业管理中的相关权利附加到了替开发商履行交付房屋的义务中了，这就把物业管理法律关系中的内容强加到房屋买卖关系中来，无形中增加了业主的责任和义务，是不符合法律规定的。

所以，对物业管理公司来讲，不能以业主拒签管理规约、对物业管理费有意见而扣押房屋钥匙，拒绝给业主办理入住手续，这是一种违约行为，也是对业主权益的侵害。

11 物业公司是否有权自行设定处罚权？

在物业管理活动中，物业公司为了加强物业区域内的管理，往往在制定的一些规章制度中规定了一些对业主不符合物业管理规定的行为的处罚处理方式，这些规定常常引起业主的反对，有的甚至为此发生纠纷。那么，物业管理公司是否有权对业主的某些行为进行处罚呢？物业管理公司在物业管理规章制度中是否有权设定处罚权呢？

根据我国的有关法律规定，物业管理公司无权对业主进行处罚，物业管理公司在规章制度中自行设定的处罚权是没有法律依据的，没有任何约束力，同时也违反了法律规定。处罚权一般分为行政处罚权和刑事处罚权。物业管理公司无权设定处罚权的理由在于：

（一）处罚权的设定只能由国家法律来规定，其他机关或组织无权自行设定处罚权。处罚权的行使会涉及公民的人身权利和财产权利，之所以要对其处罚，往往是因为公民或法人的某一行为违反了国家某一方面的管理秩序，给国家、集体和他人造成了一定程度的危害。因此，无论是行政处罚权还是刑事处罚权，国家有关的法律对其种类进行了明确的规定，只有按法律的有关规定，处罚权的设定才是合法的。

（二）处罚权只能由行政机关或司法机关在其法定职权范围内行使。就行政处罚权来讲，《行政处罚法》第 15 条规定："行政处罚由具有行政处罚权的行政机关在法定职权范围内实施。"刑事处罚权的行使更为严格。物业管理公司是企业性质的经营性组织，不是国家行政机关，无权行使处罚权。物业管理公司也不是事业单位，不可能成为接受行政机关委托实施行政处罚的组织，不能行使处罚权。

（三）物业公司与业主之间的法律关系不是行政管理的法律关系。有些人之所以认为物业管理公司可以对业主进行罚款等处罚行为，除了其法律观念淡薄之外，还表现在其经营理念不强，认为物业管理公司在物业管理中是管理者，处于支配和主导的地位。这种观念是极其错误的。在物业管理法律关系中，业主与物业管理公司是平等的民事主体，双方是一种合同关系，物业管理公司作为一方当事人提供的是自己的服务，获得的是相关的经济利益，而不是凌驾于业主之上的管理者。作为当事人一方的业主有权要求物业管理公司提供符合约定的物业服务，当其认为物业管理公司提供的服务不符合双方合同的约定时，有权要求物业管理公司承担违约责任，甚至有权解除合同，另外选聘物业管理公司，所以双方是一种平等主体的委托合同关系，而不是一种行政管理关系。明确了双方的这种关系后，对于业主的某些行为，物业管理公司可以在物业服务合同中加以规定，如有这种情况发生时，可要求业主承担支付违约金或赔偿金等违约责任。这是法律能够保护的解决此类问题的有效方式。

12 什么是建筑物区分所有权理论？建筑物区分所有权涉及的范围主要包括哪些？

建筑物区分所有权是物权法上的一项重要的动产权利，它是指多个区分所有权人共同拥有一栋区分所有建筑物时，各区分所有权人对建筑物专有部分独自享有所有权，对建筑物共用部分所享有的共用部分持分权，以及因区分所有权人之间的共同关系所产生的成员权的总称。除法律另有规定外，区分所有权人对专有部分享有占有、使用、收益和处分的权利。对共有部分共同行使占有、使用、收益和处分的权利。但是，区分所有权人对专有部分的使用，不得妨碍建筑物的正常使用以及违反区分所有权人的共同利益。建筑物区分所有权具有以下几个特征：（1）复合性。复合性是指区分所有权是由专有权和共有权及区分所有权的成员权复合而成，三者是不可分离的。专有权是区分所有权的基础，构成了区分所有权的核心。（2）一体性。一体性是指构成区分所有权的三要素的专有权、共有权及成员权必须结为一体，当专有权因转让、赠与、继承、抵押等而变更其主体时，共有权主体随之变更。（3）从属性。从属性是指在区分所有权中的共有权从属于专有权。具体表现在：一是如果不享有专有权，必然不能享有共有权；二是专有权的大小决定共有权及成员权的大小；三是区分所有权中的共有权无须登记，只登记专有权部分。

在物业管理中，建筑物区分所有权涉及的范围主要包括：(1) 建筑物的基本构造部分，如框架、支柱、房顶、外墙、地下室的归属和使用问题等；(2) 物业管理区域内公共空地和场所的归属和使用问题；(3) 物业管理区域内共用设施设备的归属和使用问题；(4) 物业共有部位的修缮问题等。

理解和把握建筑物区分所有权理论，对于建设单位、业主、物业管理公司来讲，有十分重要的意义。首先，区分所有权是业主建立业主自治机构的权利基础。正是因为业主对于建筑物享有专有所有权和区分共有所有权，所以，在一个物业管理区域内，业主可以组织起来，成立业主大会，选举产生业主委员会，制定管理规约，来维护全体业主的共同利益。其次，区分所有权明确了业主对于建筑物专有部分完全的、排他的专有所有权，防止了他人对于业主权利的侵害。最后，区分所有权明确了业主对于建筑物共用部分的共同共有的权益和相应的义务。业主在行使自己对共用部分的权利时，不得排斥和损害其他业主对共用部分进行占有、使用、收益的权利。同时，业主既然享有对共用部分的权利，同时必须履行相应的义务。对共用部分，全体业主都负有管理、维修、养护的义务。

13 物业的共用部位、共用设备设施的所有权归谁所有？

《物业管理条例》第 27 条规定，业主依法享有的物业共用部位、共用设施设备的所有权或者使用权，建设单位不得擅自处分。同时，第58条规定，建设单位擅自处分属于业主的物业共用部位、共用设施设备的所有权或者使用权的，由县级以上地方人民政府房地产行政主管部门处5万元以上20万元以下的罚款；给业主造成损失的，依法承担赔偿责任。

根据建设部《住宅共用部位共用设施设备维修基金管理办法》的有关规定，共用部位是指住宅主体承重结构部位(包括基础、内外承重墙体、柱、梁、楼板、屋顶等)、户外墙面、门厅、楼梯间、走廊通道等，共用部位相对于自用部位。共用设施设备是指住宅小区单幢住宅内，建设费用已分摊进住房销售价格的电梯、供电线路、锅炉、共用的上下水管道、落水管、水箱、加压水泵、暖气线路、煤气线路、消防设施、天线、绿地、路灯、道路、沟渠、池、井、非经营性车场车库、公益性文体设施和共用设施设备使用的房屋等。

14 小区地下停车场归谁所有?

物业管理小区内地下停车场的归属向来是容易引发矛盾的问题。业主与开发商、业主与物业管理公司往往就地下停车场归谁所有及如何使用的问题纠纷不断。据《检察日报》报道，前不久，南京市某小区的业主就因地下停车场的归属及开发商是否有权出售、出租地下停车场的问题将开发商告上了法庭。

南京市某花园小区是位于南京市市中心的一个高档住宅小区，建有地下停车场，共有50多个停车位。作为开发商的江苏省某房地产开发公司，在小区住宅销售时曾向购房者承诺：小区将配建机动车停车场供业主停车使用，一些购房者正是冲着这一点来买房的。但业主购房入住后，房地产开发公司却违背了售房时的承诺，提出业主只有向他们购买了车位方可取得车位使用权。小区业主委员会多次与房地产开发公司交涉，均没有达成一致意见。

在对地下停车场的处分权无法达成一致意见的僵持状态中，房地产开发公司在未取得任何权属证书的情况下，开始出售地下停车场车位。截至2003年7月，房地产开发公司以每个车位8万元至12万元不等的价格，共卖掉30多个车位，剩下的则以每个车位每月250元的租金租了出去。

房地产开发公司的这一行为激怒了小区内的众业主。2003年8月，小区业主委员会代表小区内的全体业主，一纸诉状将房地产开发公司告上法庭，请求法院判决确认南京市某花园小区地下停车场的占有、使用、收益、处分权利归原告所代表的全体业主所有。

法院审理认为，根据南京市规划局《建筑工程规划设计要点通知书》的规定，开发商应按每户0.2车位的标准建设停车场，建成后的停车场作为公共配套设施，是建筑物的辅助设施，应交付建筑物的所有权人共同使用。同时，有关文件证实，该小区土地面积已经全部分摊到全体业主，小区的土地使用权为业主所享有，房地产开发公司不再享有该小区的土地使用权，因此，未取得全体业主的同意，房地产开发公司不享有该停车场的使用权和支配权。

综上，法院作出一审判决：被告江苏某房地产开发公司于判决生效之日起10日内将南京市某花园小区地下停车场交给原告小区业主委员会管理，并由全体业主享有该地下停车场的权益。

这是一起小区业主状告房地产开发商并以开发商败诉为结局的典型案例。在实际生活中，对于物业小区内地下停车场的所有与使用问题，要根据具体的情况来定。

2007 年 3 月 16 日第十届全国人民代表大会第五次会议通过的《物权法》第 74 条就明确规定，建筑区划内，规划用于停放汽车的车位、车库应当首先满足业主的需要。建筑区划内，规划用于停放汽车的车位、车库的归属，由当事人通过出售、附赠或者出租等方式约定。占用业主共有的道路或者其他场地用于停放汽车的车位，属于业主共有。

业主与物业管理公司也往往因地下停车场的使用问题发生纠纷。根据物业服务合同中的约定，物业管理公司作为物业管理区域内物业服务活动的一方主体，负有维护小区内交通秩序的义务，同时也有保障业主车辆安全的义务。但是就小区内地下停车场的归属和使用问题，一般情况下，除房地产开发商作为地下停车场的所有人与物业管理公司有特殊的约定外，小区业主购买了房屋后，停车场应归该物业管理小区内全体业主所共有，业主也有权使用停车场，而物业管理公司不得侵害业主的利益，再对小区内业主收取停车费。当然，如果业主与物业管理公司在合同中约定由物业管理公司负责停车安全的，可以收取管理费。但管理费不同于停车费。管理费是支付给物业管理公司提供地下停车场的清洁、照明、看管的服务费用。而停车费则主要支付的是停车场地的转让或租用费。

15 什么是物业的承接验收？建设单位与物业服务企业办理承接验收手续时，应移交哪些资料？

根据《物业管理条例》28 条规定，物业服务企业承接物业时，应当对物业共用部位、共用设施设备进行查验。这是物业服务企业应尽的一项注意义务。

物业的承接验收是物业服务企业在接受委托后实施物业管理工作时不可或缺的一个重要的环节。物业服务企业应当代表业主的利益，根据有关的法律法规和政策，按照物业服务合同的约定，对物业的共用部位、共用设施设备进行查验。承接验收的内容主要包括：检查主体结构（包括屋顶、楼顶、梁、柱、支撑、墙体和基础）、屋面及楼地面、装修、电气设备、消防设备、采暖设施、供排水管道以及其他的附属设施、配套设备是否符合国家的标准规定和质量要求，物业管理区域内的道路、场地和环境绿化等是否满足综合使用的功能。

通过物业的承接验收，能够进一步明确建设单位与业主、物业管理公司之间的权利义务关系，同时能够清楚地了解物业的质量和存在的问题，明确物业服务的工作重点，为今后的物业管理创造有利的条件，以满足广大业主对物业服务的要求。

根据《物业管理条例》第 29 条的规定，在办理物业承接验收手续时，建设单位应当向物业服务企业移交下列资料：

（一）竣工总平面图，单体建筑、结构、设备竣工图，配套设施、地下管网工程竣工图等竣工验收资料；

（二）设施设备的安装、使用和维护保养等技术资料；

（三）物业质量保修文件和物业使用说明文件；

（四）物业管理所必需的其他资料。

同时，物业服务企业应当在前期物业服务合同终止时将上述资料移交给业主委员会。

对于上述资料，《物业管理条例》第 37 条规定，物业服务企业承接物业时，应当与业主委员会办理物业验收手续。业主委员会应当向物业服务企业移交该条例第 29 条第 1 款规定的资料。第 39 条规定，物业服务合同终止时，物业服务企业应当将物业管理用房和该条例第29条第1款规定的资料交还给业主委员会。

如果违反规定不移交有关资料的，由县级以上地方人民政府房地产行政主管部门责令限期改正；逾期仍不移交有关资料的，对建设单位、物业服务企业予以通报，处1万元以上10万元以下的罚款。

16 什么是物业管理用房？对物业管理用房有何法律规定？

物业管理用房是根据有关法律的规定，由建设单位在物业管理区域内配置的供物业服务企业在物业管理活动中使用的房屋。物业管理用房一般应由业主委员会或者物业产权人、使用人向物业服务企业提供。根据《物业管理条例》第30条规定："建设单位应当按照规定在物业管理区域内配置必要的物业管理用房。"因此，配置必要的物业管理用房，是建设单位的一项义务。如果建设单位在物业管理区域内不按照规定配置必要的物业管理用房，根据《物业管理条例》第64条的规定，由县级以上地方人民政府房地产行政主管部门责令限期改正，给予警告，没收违法所得，并处10万元以上50万元以下的罚款。

《物业管理条例》第38条规定："物业管理用房的所有权依法属于业主。未经业主大会同意，物业服务企业不得改变物业管理用房的用途。"所以，物业管理用房的所有权属于业主，物业服务企业只享有使用权。根据双方在物业服务合同中的约定，物业服务企业对物业管理用房可以有偿使用，也可以无偿使用。但是，物业服务企业在使用过程中，未经业主大会同意不得改变物业管理用房的用途。如果未经业主大会同意，物业服务企业擅自改变物业管理用房的用途，根据《物业管理条例》第65条的规定，由县级以上地方人民政府房地产行政主管部门责令限期改正，给予警告，并处1万元以上10万元以下的罚款；有收益的，所得收益用于物业管理区域内物业共用部位、共用设施设备的维修、养护，剩余部分按照业主大会的决定使用。

17 如何确定建设单位的保修期和保修范围？

根据《物业管理条例》第31条规定，建设单位应当按照国家规定的保修期限和保修范围，承担物业的保修责任。1997年11月国家颁布的《建筑法》中明确规定实行“建筑工程质量保修制度”，即建筑工程竣工验收后，对在保修期限内因勘察设计、施工、材料等原因造成的质量缺陷，建设单位或建筑施工单位负有修复的义务。

根据《建设工程质量管理条例》第40条规定，在正常使用条件下，建筑工程的最低保修期限为：

（一）基础设施工程、房屋建筑的地基基础工程和主体结构工程，为设计文件规定的该工程的合理使用年限；

（二）屋面防水工程、有防水要求的卫生间、房间和外墙面的防渗漏，为5年；

（三）供热与供冷系统，为2个采暖期、供冷期；

（四）电气管线、给排水管道、设备安装和装修工程，为2年。

其他项目的保修期限，由双方约定。

下列情况不属于保修范围：

（一）因使用不当或者第三方造成的质量缺陷；

（二）不可抗力造成的质量缺陷。

需要说明的是，房屋建筑工程保修期限从工程竣工验收合格之日起计算，是施工单位对建设单位实施的工程质量保修。而房地产开发企业作为建设单位将房屋出售给物业买受人后，房地产开发企业则成为工程质量保修的第一责任人。在保修期限内，因房屋建筑工程质量缺陷造成业主、物业使用人或者第三人人身、财产损害的，业主、物业使用人或第三人可以向建设单位提出赔偿要求。建设单位可以向造成房屋建筑工程缺陷的责任方追偿。因保修不及时造成新的人身、财产损害的，由造成拖延的责任方承担赔偿责任。

18 为什么一个物业管理区域只能由一个物业管理公司进行物业管理？

《物业管理条例》第 34 条规定，一个物业管理区域由一个物业服务企业实施物业管理。这项规定说明，一个特定的物业管理区域只能由一个物业服务企业来进行物业管理，而不能同时委托两个或两个以上的不同的物业服务企业来进行物业管理。如何理解法律的这一规定呢？

首先，这是由物业管理区域内业主的共同利益决定的。根据法律规定，业主是物业的所有权人，依法享有对物业的占有、使用、收益、处分的权利。所以，每一位业主都有委托物业服务企业的权利。但是在一个特定的物业管理区域内，每一位业主对物业的所有权不是独立存在的，而是一个不可分割的整体，业主与物业存在着共同共有的关系。因为根据建筑物区分所有权的理论，各个业主是建筑物区分所有权的所有人，各业主享有的是对建筑物专有部分的专有权和对共用部位、共用设施设备的共同所有权，在公共使用和共同享有的共用建筑和共用设施设备所构成的区域内，各业主之间存在着不可分割的整体利益的关系。正是基于此，才形成了一个特定的物业管理区域，这是产生物业管理的基础。同时，为保证业主的利益和权利，《物业管理条例》规定在物业管理区域内，由全体业主组成业主大会。在业主大会会议对有关物业管理的事项进行决定时，业主有投票表决权。所以，《物业管理条例》规定，选聘、解聘物业服务企业是业主大会的一项重要职责，这就体现了全体业主的共同意愿。如果在共用部位、共用设施设备的共同范围内，由两家或者两家以上的物业服务企业进行物业管理，往往会造成管理上的交叉，使得管理和服务责任难以划分，不利于管理。所以，只有选择一家物业服务企业才能真正实现物业管理的目的。

其次，从物业管理法律关系来讲，物业管理活动是一种委托法律关系。受委托的一方是物业服务企业，而委托方是物业管理区域内的全体业主。所以，《物业管理条例》规定，业主委员会作为业主大会的执行机构，代表业主与业主大会选聘的物业服务企业签订物业服务合同。而一个特定物业管理区域内的业主大会只能选聘一家物业服务企业，所以业主委员会只能与业主大会选聘的这家物业服务企业签订合同，而不能同时与两家或两家以上的物业服务企业签订物业服务合同。当然，一个物业管理区域由一个物业服务企业实施物业管理，并不排除一个物业服务企业可以接受两个或两个以上的物业管理区域业主委员会的委托来对受委托的物业管理区域进行物业管理。

19 物业管理公司对物业小区内的综合管理服务应达到什么标准?

我国虽然已颁布了《物业管理条例》，但相关的配套法规和规章还很不完善。在物业管理领域内的很多方面还缺乏操作性较强的规定和相关细则。如对物业管理公司物业服务的具体标准，全国还没有一个统一的规定。各地对物业管理的服务标准也仅是根据本地的实际情况制定的，很不统一。因此，这种情况也在一定程度上影响了物业管理行业的健康、有序发展。

物业小区内的综合管理服务，是指对物业管理区域内的共用财产和公共事务的管理服务。目前，就北京地区来讲，物业小区内的综合管理服务应根据2003年11月4日北京市国土资源和房屋管理局颁布的《北京市住宅物业管理服务标准》，于2003年12月1日起施行，原《北京市居住小区物业管理服务标准》同时废止。根据《北京市住宅物业管理服务标准》的规定，北京市普通商品住宅小区规划红线范围内，物业管理公司对共用财产和公共事务的综合管理应达到以下要求：

（1）负责制定物业管理服务工作计划，并组织实施；

（2）每年一次对房屋及设施设备进行安全普查，根据普查结果制订维修计划，组织实施；

（3）白天有专职管理员接待住户，处理服务范围内的公共性事务，受理住户的咨询和投诉；夜间有人值班，处理急迫性报修，水、电等急迫性报修半小时内到现场；

（4）协助召开业主大会并配合其运作；

（5）管理规章制度健全，服务质量标准完善，物业管理档案资料齐全；

（6）与业主签订物业服务合同等手续；公开服务标准、

收费依据及标准；

(7) 应用计算机系统对业主及房产档案、物业管理服务及收费情况进行管理；

(8) 全体员工统一着装，佩带有相片胸卡，持证上岗；

(9) 每年进行一次物业管理服务满意率调查，促进管理服务工作的改进和提高，征求意见用户不低于总户数80%。

(10) 建立起应对各种公共突发事件的处理机制和预案，包括组织机构、人员和具体措施等，一旦发生，能随时投入运行。

20 居住小区内房屋及共用设施的日常管理应达到什么标准？

居住小区内房屋及共用设施设备的日常维护是物业管理公司物业服务的一项重要内容。物业管理公司应根据本地的有关规定和物业服务合同的约定，提供达到要求的服务。以北京地区为例，根据《北京市住宅物业管理服务标准》的规定，北京市普通商品住宅小区在这方面的要求是：确保居住小区内楼房共用部位共用设施设备、基本市政设施的正常使用运行和小修养护，包括：

(1) 楼房及小区内共用部位共用设施设备的日常养护和小修，执行《房屋及其设备小修服务标准》；

(2) 保证护栏、围墙、小品、桌、椅、楼道灯、绿化设施等公共设施、设备正常使用；道路、甬路、步道、活动场地达到基本平整，边沟涵洞通畅；

(3) 确保雨水、污水管道保持通畅，定期清淘化粪池、雨水井，相关设施无破损；

（4）负责小区智能化设施的日常运行维护；

（5）定期清洗外墙。

对居住小区内房屋及共用部位共用设施设备日常维护的范围，以《北京市住宅公共维修基金使用管理办法》中附件规定的共用部位公用设施的内容为准（不包括另行收费的设备设施，如电梯、水泵、暖气等设备）。

21 居住小区内的绿化管理应达到什么标准？

随着物质生活水平的提高，人们对居住小区内环境的绿化要求越来越高。因此，绿化管理已成为物业管理公司的一项专门性业务。根据《北京市住宅物业服务标准》的规定，在北京地区居住小区内，绿化的范围包括小区规划红线范围内的中心绿地和房前、屋后，道路两侧区间绿地。具体的要求和标准是：

普通商品房居住小区，按北京市园林局规定的《二级养护标准》养护。具体要求是：

（一）植物配置基本合理，乔灌花草齐全，绿地较充分，基本无裸露土地。

（二）树木生长正常，生长达到该树种该规格的平均生长量。树冠基本完整，内膛不乱，通风透光，修剪及时，无死树和明显枯枝死杈；在正常条件下，无明显黄叶、焦叶、卷叶、落叶；被啃咬的叶片最严重的每株在10%以下；有蛀干害虫的株数在2%以下；介壳虫危害较轻；树木缺株率在4%以下；树木基本无钉栓、捆绑现象。

（三）绿篱生长造型正常、叶色正常，修剪及时，基本无死株和干死枝，有虫株率在10%以下；草坪覆盖率达到90%

以上，修剪及时，叶色正常，无明显杂草；宿根花卉管理基本及时，花期正常，缺株率在5%以下。

（四）绿地整洁，无杂物，无堆物堆料、搭棚、侵占等现象，设施基本完好，无明显人为损坏，对违法行为能及时发现和处理；绿化生产垃圾能及时清运。

（五）按二级养护技术措施要求认真地进行养护。

经济适用房小区、直管和自管公房小区、危旧房改造回迁小区按市园林局规定的《三级养护标准》养护。其具体要求是：

（一）植物搭配一般，绿化基本充分，无明显裸露土地。

（二）树木生长基本正常，无死树和明显枯枝死杈；在正常条件下，无严重黄叶、焦叶、卷叶；被啃咬的叶片最严重的每株在20%以下；有蛀干害虫的株数在10%以下；介壳虫危害一般；树木缺株率在6%以下；树木无明显钉栓、捆绑现象。

（三）绿篱生长造型基本正常，叶色基本正常，无明显的死株和枯死枝，有虫株率在20%以下；草坪斑秃和宿根花卉缺株不明显，基本无明显的草荒。

（四）绿地基本整洁，无明显的堆物堆料、搭棚、侵占等现象，设施无明显的破损，无较严重人为损坏，对人为损坏和违法行为能及时处理；无绿化生产垃圾。

（五）按三级养护技术措施要求认真地进行养护。

22 什么是保洁管理？居住小区内保洁管理应达到什么标准？

清洁卫生是物业管理水平和小区文明建设的重要标志，因此保洁管理是物业管理公司的一项常规工作。所谓保洁管理，是指物业管理公司通过宣传教育、直接监督和日常清洁工作，保护物业环境，防治环境污染，定时、定点、定人进行日常生活垃圾的分类收集、处理和清运。通过清、扫、擦、拭、抹等专业性操作，维护物业管理小区内公共场所和公共部位的清洁卫生，从而提高环境效益。

根据《北京市住宅物业服务标准》的规定，在北京地区居住小区内，保洁的范围是小区规划红线以内，业主户门以外。具体的标准是：

普通商品房居住小区维护和保持服务范围内的清洁卫生，包括：

（一）有健全的保洁制度，清洁卫生实行责任制，有明确的分工和责任范围；

（二）设定垃圾集纳地点，并每日将服务范围内的垃圾归集到垃圾楼、站，对垃圾（专用）楼、站、箱、道、桶及垃圾进行管理；

（三）每日对保洁服务范围内的区域进行一次清扫，做到服务范围内无废弃杂物；

（四）对楼梯间、门厅，电梯间、走廊等的门、窗、楼梯扶手、栏杆、墙壁等，一周进行一次清扫；

（五）按政府有关规定向服务范围内喷洒、投放灭鼠药、消毒剂、除虫剂；

（六）在雨、雪天气应及时对区内主路、干路积水、积雪进行清扫。

经济适用房小区、直管和自管公房小区、危旧房改造回迁小区维护和保持服务范围内的清洁卫生，包括：

（一）设定垃圾集纳地点，并每日将服务范围内的垃圾归集到垃圾楼、站，对垃圾（专用）楼、站、箱、道、桶及垃圾进行管理；

（二）每日对保洁服务范围内的区域进行一次清扫，做到服务范围内基本无废弃杂物；

（三）按规定进行消毒、灭鼠等活动；

（四）在雨、雪天气应及时对区内主路、干路积水、积雪进行清扫。

23 居住小区内的保安工作应达到什么标准？

保安工作是物业管理公司的基础工作之一。小区内的治安管理是社会治安管理工作的重要方面。《物业管理条例》第36条规定，物业服务企业应当按照物业服务合同的约定，提供相应服务。物业服务企业未能履行物业服务合同的约定，导致业主人身、财产安全受到损害的，应当依法承担相应的法律责任。同时，第46条规定，对物业管理区域内违反治安、环保等方面法律、法规规定的行为，物业服务企业应当制止，并及时向有关行政管理部门报告。有关行政管理部门在接到物业服务企业的报告后，应当依法对违法行为予以制止或者依法处理。因此，物业管理公司应该按照双方关于保安服务的相关约定，切实履行职责，做好物业管理区域内的保安工作，为业主提供一个安全、有序的生活环境。

根据《北京市住宅物业服务标准》的规定，在北京地区的居住小区，物业管理公司保安的范围为小区规划红线以内，业主户门以外的区域。

一、普通商品房居住小区的要求是公共区域的秩序维护和

公共财产的看管，包括：

(1) 相对封闭：做到小区主要出入口昼夜有专人值守，危及人身安全处有明显标志和防范措施；

(2) 维护交通秩序：包括对机动车辆和非机动车辆的行驶方向、速度、临时停放位置进行管理，保持车辆行驶通畅；

(3) 看管公共财产：包括楼内的门、窗、消防器材及小区的表井盖、雨箅子、小品、花、草、树木、果实等；

(4) 夜间对服务范围内重点部位、道路进行不少于一次的防范检查和巡逻，巡逻不少于2人，做到有计划、有记录；

(5) 有发生治安案件、刑事案件、交通事故的处置预案；发生时，应立即采取措施，并及时报警和配合公安部门进行处理。

二、经济适用房小区、直管和自管公房小区、危旧房改造回迁小区的要求是维护小区规划线以内，业主户门以外的业主公共生活秩序，包括：

(1) 相对封闭：做到小区主要出入口全天有专人值守，危及人身安全处有明显标志和防范措施；

(2) 维护交通秩序：包括对机动车辆和非机动车辆的行驶方向、速度进行管理，保持车辆行驶通畅；

(3) 发生治安案件、刑事案件、交通事故时，应及时报警，并配合公安部门进行处理。

24 在居住小区内对车辆管理有什么具体要求？

居住小区内的车辆管理是物业管理不可或缺的一项内容。根据《北京市住宅物业管理服务标准》的规定，在北京地区的居住小区，物业管理公司对车辆的管理主要包括机动车辆、非机动车辆在停车场（存车处）、停车位的看管。

一、普通商品房居住小区的具体要求是：

（1）有健全的机动车、非机动车存车管理制度和管理方案；

（2）对进入小区的机动车辆进行登记发放凭证，出门凭证放行；

（3）保证停车有序，24 小时设专人看管；有发生紧急情况预案；

（4）长期存放的，应签订停车管理服务协议，明确双方的权利义务等。

二、经济适用房、直管和自管公房、危旧房改造回迁房的具体要求是：

（1）有机动车、非机动车存车管理制度和管理方案；

（2）对进入小区的机动车辆进行登记发放凭证，出门凭证放行；

（3）保证停车有序，24 小时设专人看管；

（4）长期存放的，应签订存车协议，明确双方的权利义务等。

25 居住小区内消防管理的要求有哪些？

搞好消防工作是物业安全使用和社会安定的重要保证。物业服务企业和业主要严格遵守《消防法》的规定，切实贯彻“预防为主，防消结合”的方针，确保人民生命和财产安全。

根据《北京市住宅物业服务标准》的规定，在居住小区内，消防管理主要包括公共区域消防设施的维护及消防管理。

一、普通商品房居住小区的公共区域消防设施的维护及消防管理具体要求是：

（1）有健全的消防管理制度，建立消防责任制及火灾消防预案；

（2）消防设施有明显标志，定期对消防设施进行巡视、检查和维护；

（3）定期进行消防训练，保证有关人员掌握消防基本技能；

（4）发生火灾，及时报警，协助消防人员疏散、救助人员等。

二、经济适用房、直管和自管公房、危旧房改造回迁房的公共区域消防设施的维护及消防管理具体要求是：

（1）有消防管理制度，建立消防责任制；

（2）消防设施有明显标志，定期对消防设施进行巡视、检查和维护；

（3）定期进行消防训练，保证有关人员掌握消防基本技能；

（4）发生火灾，及时报警，协助消防人员疏散、救助人员等。

26 物业管理公司如何加强室内装修管理？

《物业管理条例》第53条规定，业主需要装饰装修房屋的，应当事先告知物业服务企业。物业服务企业应当将房屋装饰装修中的禁止行为和注意事项告知业主。因此，物业管理公司对于业主的装饰装修进行监管是物业管理公司的一项法定义务，而此项义务通常在物业服务合同中也有体现。

根据《北京市住宅物业管理服务标准》的规定，物业公司在房屋装饰装修管理方面的具体要求是：

（1）有健全的装修管理服务制度；

（2）查验业主装修方案，与业主、施工单位签订装修管理协议，告知业主装修注意事项；

（3）装修期间，对装修现场进行巡视与检查，严格治安、消防和房屋安全管理；对进出小区的装修车辆、装修人员实行出入证管理，调解因装修引发的邻里纠纷；

（4）业主装修结束后，应进行检查。对违反装修协议的要进行处理，问题严重的报行政管理部门；

（5）及时清运装修垃圾，集中堆放时间不得超过三天。

27 物业公司可否将物业服务委托他人？

物业服务是物业管理公司依照物业服务合同的约定向全体业主提供的有偿服务。物业管理公司必须提供符合法律规定、符合双方约定的服务。实际生活中，物业管理公司为了履行自己的义务，满足物业小区内业主的需求，往往将物业服务委托一些专业性的公司来进行，如小区内的环境绿化、保安服务等。因为专业性公司往往能够提供更专业化的服务。但是需要注意，我国法律对物业公司对外委托服务是有法律限制的，这种限制往往是出于对业主权益的有效保护。《物业管理条例》第40条规定："物业服务企业可以将物业管理区域内的专项服务业务委托给专业性服务企业，但不得将该区域内的全部物业管理一并委托给他人。"因此，物业管理公司在对外委托业务时，只能部分委托，而不能将该物业管理区域内的全部物业服务一并委托给他人。部分委托的业务也只能是专项服务业务。

根据《合同法》的有关原理，物业服务企业将自己承接的物业服务中的部分专项服务业务转委托给其他的专业性公司承担时，不能免除自己在物业服务合同中约定的对业主的有关义务和责任，也就是说，物业服务企业还要对业主承担物业服务合同中约定的相关义务和责任。如果专业性服务公司提供的专业性服务达不到物业服务合同中约定的质量和要求，物业服务企业作为物业服务合同的一方当事人要承担相应的违约责任。因此，物业服务企业在将专业性服务委托其他专业性公司承担时，要加强对专业性服务公司的监督和约束。物业服务企业进行转委托时需要注意：一是要选聘具有相应资质的专业性服务公司来承担相应的专业服务项目，而不能随意转委托。二是物业服务企业应与专业性服务公司签订委托协议，协议中约定的专业服务公司提供的专业性服务质量和水平应不低于物业服务合同中对相关专业性服务质量和要求的约定。同时，还应约定专业性服务公司达不到服务质量和要求时的违约责任。

《物业管理条例》对物业服务企业不得将物业管理区域内的全部物业管理委托给他人的规定，是一项禁止性的规定。因此，如果物业服务企业不遵守规定，将要受到处罚，要承担相应的行政责任和民事责任。《物业管理条例》第 62 条规定，违反本条例的规定，物业服务企业将一个物业管理区域内的全部物业管理一并委托给他人的，由县级以上地方人民政府房地产行政主管部门责令限期改正，处委托合同价款 30% 以上 50% 以下的罚款；情节严重的，由颁发资质证书的部门吊销资质证书。委托所得收益，用于物业管理区域内物业共用部位、共用设施设备的维修、养护，剩余部分按照业主大会的决定使用；给业主造成损失的，依法承担赔偿责任。

28 业主的车辆在小区车库内丢失，应由谁承担责任？

2003 年 5 月，马先生在北京的某花园小区购买了一套住房，并与物业管理公司签订了物业服务合同。在物业服务合同中双方约定，马先生有偿使用地下停车库，向物业管理公司交纳停车费。物业管理公司收取停车费并负责车库的安全管理。按双方的约定，马先生向物业管理公司交纳了一年的停车费并按物业管理公司的规定办理了存车手续，领取了车库出入证。2003 年 9 月 25 日，马先生把自己的奇瑞轿车存在了小区地下车库自己的车位中，但第二天早上发现自己的奇瑞轿车不见了，向物业管理公司车库值班人员询问，值班人员说不知道。马先生遂找到物业管理公司要求赔偿损失，但物业管理公司拒绝赔偿。双方发生纠纷，马先生把物业管理公司告上了法庭。

在法院审理过程中，被告物业管理公司辩称，物业公司只负责车位的管理，对车辆的安全不负责任。经法院查明，马先生与物业管理公司签订的物业服务合同中有关于车辆看护的条款。因此马先生与物业管理公司之间就车辆的问题形成了有偿保管的合同关系。同时，物业管理公司的值班人员在看管车辆时脱岗，存在过错。根据《物业管理条例》第 36 条规定，物业服务企业应当按照物业服务合同的约定，提供相应的服务。物业服务企业未能履行物业服务合同的约定，导致业主人身、财产安全受到损害的，应当依法承担相应的法律责任。所以法院判决物业管理公司赔偿原告马先生的全部损失。

在本案中，要确定物业管理公司是否承担赔偿责任的关键是要确定马先生与物业管理公司之间就车辆问题是何种法律关系。在实际生活中，业主的车辆在小区内被盗或受损的情况经常发生，物业管理公司在其中承担何种法律责任则要取决于双方的合同约定。因此，在确定责任时，需要弄清其中的一些法律关系。

马先生与物业管理公司签订了物业服务合同，约定了物业管理公司对车辆的保管责任，同时交纳了停车费，并办理了相关的车辆出入库手续。因此，马先生与物业管理公司签订的物业服务合同的内容包括了车辆保管的内容。根据《合同法》第374条规定："保管期间，因保管人保管不善造成保管物毁损、灭失的，保管人应当承担损害赔偿责任，但保管是无偿的，保管人证明自己没有重大过失的，不承担损害赔偿责任。"妥善保管保管物是保管人的义务，如果保管人未尽到妥善保管义务而导致保管物毁损、灭失的，保管人应当承担违约责任，赔偿寄存人的损失。物业管理公司应向马先生提供车辆保管服务，负责马先生车辆的安全。但在本案中，物业管理公司车库的值班人员在看管车辆时脱岗，未尽到相应的看管义务，致使马先生的奇瑞轿车丢失，应当负责赔偿。

29 物业公司未尽安全保障义务造成业主受害是否承担赔偿责任？

赵某在2000年6月购买一套商品房，与妻子周某及女儿共同居住。8月7日，赵某与该小区的物业管理公司签订了有关的物业服务合同。合同约定物业管理公司承担安全保护的义务，赵某则承担支付物业管理费的义务。由于物业管理公司只安排保安人员巡视安全，而其监控设施没有经过有关部门验收而无法正常使用，小区业主要求安装防护铁窗，但被拒绝，造成安全防范的漏洞。2001年3月5日凌晨1时许，两名罪犯闯入赵某家，将赵某的女儿强奸后杀害。后案件被侦破。在刑事审判阶段，赵某提起了刑事附带民事诉讼，法院判决被告人赔偿赵某1.3万元，赵某的其他损失，被告人则无能力赔偿。赵某依据物业服务合同的约定，向法院又提起民事诉讼，认为其女儿被害与物业管理公司未尽安全保护的义务有直接关系，请求法院判决物业管理公司承担违约损害赔偿责任。法院经审理后，判决物业公司承担违反合同约定的安全保障义务的责任，赔偿4万元，对赵某的精神损害赔偿请求不予支持。物业管理公司不服，以自己已经履行了物业服务合同约定的义务，赵某的女儿被害应由犯罪行为人承担责任为由提起上诉。二审法院经审理后维持原判。

这是一起适用违反安全保障义务承担侵权补充责任的案件。根据合同法的相关原理，当一个主体对另外的一个主体负有法定的或者约定的安全保障义务而未尽到相应的义务造成损害的，首先应当由侵权人承担侵权责任，如果侵权人不能赔偿或者不能全部赔偿，或者侵权人下落不明，则由安全保障义务人承担补充责任之后，有权向侵权人追偿。同时，根据《物业管理条例》第36条规定，物业服务企业未能履行物业服务合同的约定，导致业主人身、财产安全受到损害的，应当依法承担相应的法律责任。物业管理公司既然在物业服务合同中约定有提供安全保障的义务，就应采取相应的措施，保障物业管理区域内业主及其家属在物业管理区域内的安全。而且，在本案中，物业管理公司在提供安全保障服务方面本身就存在着漏洞，但物业管理公司并没有弥补，所以致使发生了侵害业主及其家属的刑事犯罪案件。因此，物业管理公司要承担未尽安全保障义务的法律责任，理应赔偿业主的损失。

30 物业管理公司能否帮业主出租房屋？

《物业管理条例》第44条规定："物业服务企业可以根据业主的委托提供物业服务合同约定以外的服务项目，服务报酬由双方约定。"根据这一规定，可以看出，业主可以将自己的房屋交由物业管理公司来帮助出租。但是，需要明确几个方面的问题。其一，物业管理公司帮助业主出租的房屋不是物业管理本身的，而是业主与物业管理公司经过协商后的特定委托服务项目。一般情况下，物业管理公司按物业服务合同的约定，只负责物业及其配套设施的管理和服务，物业管理的内容不包括租赁业务。其二，业主委托物业管理公司出租房屋属于特约委托服务项目。业主可以委托物业管理公司帮助出租房屋，但是双方应有委托关系，并对这一委托服务项目的报酬进行约定。最好的办法是签订一个委托协议，对委托的事项，以及委托事项完成后物业管理公司的服务报酬进行明确约定，以免发生纠纷。

四、物业的使用和维护

1 物业公司擅自改变物业管理用房使用用途怎么办？

某住宅小区业主委员会与 B 公司签订了物业服务合同，合同约定业主委员会为物业管理公司有偿提供两间物业管理用房。后物业管理公司将其中的一间出租开了一家美容美发店。小区内业主认为，物业管理用房是用于物业管理公司开展物业管理工作的用地，不能用于其他用途。物业管理公司则认为，按照双方签订的物业服务合同，物业公司已支付了物业管理用房的使用费用，对于两间物业管理用房具体如何使用是自己的事情，与业主和业主委员会无关。

那么，物业管理公司的说法正确吗？

这里需要明确两个问题：第一，物业管理用房的所有权问题。根据《民法通则》的有关规定和《物业管理条例》第 38 条的规定，物业管理用房的所有权依法属于业主。这种所有是一种共同共有，即物业管理小区内的所有业主共同共有。所有权包括了所有人占有、使用、收益、处分的四项权利。物业管理公司对物业管理用房没有所有权。第二，物业管理用房的使用权问题。基于双方物业服务合同的约定，业主委员会为物业管理公司提供了物业管理用房（物业管理用房是建设单位在物业管理区域内配置的，但它属于全体业主，所以业主委员会与物业管理公司签订物业服务合同时双方应约定由业主委员会为物业管理公司提供物业管理用房），而且是有偿提供，物业管理用房的使用权由物业管理公司行使。但是不论是有偿使用还是无偿使用，物业管理公司对物业管理用房的使用是有条件限制的，其限制条件就是物业管理用房只能用于其提供物业服务活动，而不能另作他用。对此，《物业管理条例》第 38 条明确规定：未经业主大会同意，物业服务企业不得改变物业管理用房的用途。

因此，物业管理公司的这种说法不正确，物业管理公司不能以已支付使用费用为由而自行将物业管理用房出租开美容美发店。物业管理公司应该遵守双方的约定，将物业管理用房恢复到原来的用途。

2 如何确定物业屋顶平台的所有权？业主对屋顶平台的使用有何法律限制？

物业屋顶平台的所有权和使用权，往往是在物业使用过程中容易发生纠纷的问题。要想很好地解决这一问题，必须对物业屋顶平台的所有权进行法律划分。根据 2007 年 3 月 16 日第十届全国人民代表大会第五次会议通过，自 2007 年 10 月 1 日起施行的《物权法》第 70 条规定："业主对建筑物内的住宅、经营性用房等专有部分享有所有权，对专有部分以外的共有部分享有共有和共同管理的权利。"根据建设部《城市异产毗连房屋管理规定》第 6 条规定"所有人和使用人对共有、共用的门厅、阳台、屋面、楼道、厨房、厕所以及院路、上下水设施等，应共同合理使用并承担相应的义务；除另有约定外，任何一方不得多占、独占。所有人和使用人在房屋共有、共用部位，不得有损害他方利益的行为。”因此，从理论和立法上，物业屋顶平台应为共同共有。既然是共同共有，那么业主在使用屋顶平台时应该注意：各共有人有对屋顶平台使用的权利，但在使用时，应按其种类、性质、构造进行合理使用；屋顶平台的使用可分为一般的利用和特定利用。在一般的使用中，如散步或晾晒衣物等，各共有人无须依其专有部分的应用比例使用。在特定使用时，如将屋顶平台固定各业主使用时，应依各区分所有权人专有部分的应有部分比例来分配屋顶的使用面积；共有人对屋顶平台的特定部分的占用收益，必须征得其他共有人的同意，或经相关业主、业主大会、物业服务企业的同意，按照规定办理相关的手续。如未经同意占用收益，即属侵害其他共有人的权利，其他共有人可请求排除妨害。

3 如何确定物业管理区域内的公共空地和场所的归属和使用？

物业管理区域内的公共空地、场所是指建筑物依法留设的空地，包括建筑物与其前后左右的道路或其他建筑物间的距离。公共空地、场所与建筑物本身有不可分离的关系，它不仅提供通行，还有采光、排水、卫生等方面的作用。根据有关规定，物业管理区域内的公共空地、场所属于物业管理区域内的全体业主共同共有。因此，建设单位或居于建筑物一层的业主不得主张公共空地、场所归其所有或有专用权，也不得不顾其他共有人的利益，任意对公共空地、场所进行收益性使用。对此，我国有关的法律有明确的规定，如根据2007年3月16日第十届全国人民代表大会第五次会议通过，自2007年10月1日起施行的《物权法》第73条规定："建筑区划内的道路，属于业主共有，但属于城镇公共道路的除外。建筑区划内的绿地，属于业主共有，但属于城镇公共绿地或者明示属于个人的除外。建筑区划内的其他公共场所、公用设施和物业服务用房，属于业主共有。"《物业管理条例》第51条规定："业主、物业服务企业不得擅自占用、挖掘物业管理区域内的道路、场地，损害业主的共同利益。因维修物业或者公共利益，业主确需临时占用、挖掘道路、场地的，应当征得业主委员会和物业服务企业的同意；物业服务企业确需临时占用、挖掘道路、场地的，应当征得业主委员会的同意。业主、物业服务企业应当将临时占用、挖掘的道路、场地，在约定期限内恢复原状。"如果违反则要承担相应的法律责任。《物业管理条例》第66条规定："违反本条例的规定，有下列行为之一的，由县级以上地方人民政府房地产行政主管部门责令限期改正，给予警告，并按照本条第二款的规定处以罚款；所得收益，用于物业管理区域内物业共用部位、共用设施设备的维修、养护，剩余部分按照业主大会的决定使用：（一）擅自改变物业管理区域内按照规划建设的公共建筑和共用设施用途的；（二）擅自占用、挖掘物业管理区域内道路、场地，损害业主共同利益的；（三）擅自利用物业共用部位、共用设施设备进行经营的。个人有前款规定行为之一的，处1000元以上1万元以下的罚款；单位有前款规定行为之一的，处5万元以上20万元以下的罚款。"

4 业主是否有权使用自家的外墙？

李某在某小区购买了一套靠小区路口处的一层住宅，随后办起了一家小型超市。并在自家外墙上安装了一个小型灯光招牌。后来，有多个小区住户对此提出异议，认为李某的行为违反了管理规约的规定，物业管理公司也认为李某的行为影响了整个住宅小区外墙的形象，要求李某拆除招牌，恢复原状。李某认为物业管理公司无权干涉，遂发生纠纷。

那么，李某是否有权使用自家住宅的外墙呢？

根据我国的有关法律、法规规定，业主李某无权擅自使用物业的外墙。首先，根据《物业管理条例》的规定，建筑物的外墙体，是属于物业的共用部位。对于物业的共用部位，任何人不得独占使用。同时，《物业管理条例》对利用共用部位有明确的法律规定。如第55条规定："利用物业共用部位、共用设施设备进行经营的，应当在征得相关业主、业主大会、物业服务企业的同意后，按照规定办理有关手续。业主所得收益应当主要用于补充专项维修资金，也可以按照业主大会的决定使用。"其次，李某的行为违反了管理规约。管理规约是对全体业主具有法律约束力的法律文件，全体业主必须遵守。如不遵守管理规约的规定，则侵害了其他业主的利益。一般来讲，管理规约中明确约定了物业小区楼宇外墙是属于共用部位，属于整栋楼的全体业主所有，所以李某不得擅自使用自家房屋的外墙。因此，物业公司有权维护小区的整体环境和景观，对李某的这种违反物业管理的行为给予制止，责令其恢复原状。

在实际生活中，业主入住小区后，应认真了解有关的规定，如《物业管理条例》、管理规约及物业管理公司制定的有关物业管理规章制度，明确自己的权利和义务，在履行自己的权利的时候，也要遵守相关的义务。

5 业主是否有权改变自家物业的使用用途？

某小区李某下岗失业在家，随后在自己家一层开了一家小商店。李某的这一做法引起了小区内其他住户的不满，大家认为这是住宅小区，不是商业区，李某在小区内开商店会影响其他住户的利益，要求物业管理公司制止李某的这一行为。物业管理公司遂要求李某停止营业，并要求李某恢复墙体原状，不得改变自己房屋的使用用途。李某认为房屋是自己的，自己想做什么就做什么，自己下岗失业，不开商店就无生活来源。双方发生纠纷。

根据我国民法的相关规定，业主作为物业的所有权人，享有对自己物业的占有、使用、收益、处分的权利。同时，业主在行使自己权利的同时，还应承担相应的法律义务，也就是说，业主行使自己的权利时要受到相应法律约束，同时还要遵守管理规约的规定。所以，业主在行使自己权利的时候，不得侵犯其他业主、物业使用人的利益和公共利益。根据建设部《城市新建住宅小区管理办法》第14条第2项的规定，房地产产权人和使用人不得擅自改变房屋、配套设施的用途、结构、外观，违反规定的，由物业管理公司予以制止、批评教育、责令恢复原状、赔偿损失。所以，李某的这一做法是不对的。李某应当按照房屋的设计用途来使用房屋，即当做住宅使用。如果李某因下岗失业，要将自己作为住宅使用的房屋开商店时，在开办前首先应当征得业主大会的同意。如果业主大会和相邻业主不同意的，李某不得以房屋是自己的为由擅自开商店。如要业主大会和相邻业主考虑到李某的具体情况，同意其开商店的，李某应报有关行政主管部门批准并告知物业服务企业。现在，小区内的业主已明确反对李某开商店，物业管理公司也要求其停止营业，并恢复房屋原状，这是有法律依据的。这是小区内全体业主的权利，也是物业管理公司的职责。因此，李某应停止经营，并恢复自己的房屋的原状。

在住宅小区内，房屋的主要功能是用来居住。为保证住宅小区内有一个良好的居住环境，维护小区内业主的共同利益，一般情况下管理规约和物业公司制定的有关物业管理规定对小区的居住环境都有较明确的规定，其目的是维护全体业主的合法利益，为广大业主营造一个良好的居住条件，所以作为小区内的住户，在行使自己的权利的时候必须遵守有关法律、法规、相关物业管理制度和管理规约的规定，不得侵害其他人的利益和公共利益。

6 业主是否有权改变房屋结构？

在实际生活中，业主在购买房屋后，往往要进行装饰装修，以给自己创造一个良好的生活环境。在装修过程中，业主出于自身利益的考虑来对房间的结构进行重新分配和调整，有时就需要对部分房屋的承重结构进行改变，那么，业主是否有权自行改变房屋的结构呢？

《物业管理条例》第53条规定：“业主需要装饰装修房屋的，应当事先告知物业服务企业。物业服务企业应当将房屋装饰装修中的禁止行为和注意事项告知业主。”因此，业主在需要装饰装修房屋时，应当事先告知物业服务企业，物业服务企业应当将房屋装饰装修中的禁止行为和注意事项告知业主。同时，作为业主，在入住小区前应事先了解有关的物业管理法律法规，了解物业管理公司制定的有关物业管理制度，了解和熟悉本物业管理区域内的管理规约的内容，正确地行使自己的权利，在行使自己权利的同时，也尊重其他人的合法利益，以免发生不必要的麻烦和损失。

7 业主、物业使用人需要装修房屋时，应履行哪些手续？

根据《物业管理条例》第53条的规定，业主需要装饰装修房屋的，应当事先告知物业服务企业。物业服务企业应当将房屋装饰装修中的禁止行为和注意事项告知业主。

《住宅室内装饰装修管理办法》规定的报建手续：

1. 装修人在住宅室内装饰装修工程开工前，应当向物业服务企业或者房屋管理机构申报登记。申报登记应当提交下列材料：

（1）房屋所有权证（或者证明其合法权益的有效凭证）；

（2）申请人身份证件；

（3）装饰装修方案；

（4）变动建筑主体或者承重结构的，需提交原设计单位或者具有相应资质等级的设计单位提出的设计方案；

（5）涉及《住宅室内装饰装修管理办法》第6条规定的搭建建筑物、构筑物；改变住宅外立面，在非承重外墙上开门、窗；拆改供暖管道和设施；拆改燃气管道和设施的，需提交有关部门的批准文件；

（6）委托装饰装修企业施工的，需提供该企业相关资质证书的复印件。

非业主的住宅使用人，还需提供业主同意装饰装修的书面证明。

2. 装饰人从事住宅室内装饰装修活动，未经批准，不得有下列行为：

（1）搭建建筑物、构筑物；

（2）改变住宅外立面，在非承重外墙上开门、窗；

（3）拆改供暖管道和设施；

（4）拆改燃气管道和设施。

其中第（1）、（2）项行为，应当经城市规划行政主管部门批准；第（3）项行为，应当经供暖管理单位批准；第（4）项行为应当经燃气管理单位批准。

3. 住宅室内装饰装修超过设计标准或者规范增加楼面荷载的，应当经原设计单位或者具有相应资质等级的设计单位提出设计方案。

8 业主在出租房屋过程中应注意哪些问题？

业主作为房屋的所有权人，有按照自己的意愿对房屋行使占有、使用、收益、处分的权利。但是，在使用过程中，业主应该了解有关的法律规定，正确行使自己的权利，以维护自己的合法利益。目前，有很多人将购买房屋后进行出租作为一种投资方式。但是，对于如何出租房屋，有很多的法律规定。因此，业主在出租自己的房屋时应该注意一些问题。

首先，应明确，有些房屋是不能出租的。根据建设部1995年4月28日发布的《城市房屋租赁管理办法》第5条的规定，有下列情形之一的房屋不得出租：

（一）未依法取得房屋所有权证的；

（二）司法机关和行政机关依法裁定、决定查封或者以其他形式限制房地产权利的；

（三）共有房屋未取得共有人同意的；

（四）权属有争议的；

（五）属于违法建筑的；

（六）不符合安全标准的；

（七）已抵押，未经抵押权人同意的；

（八）不符合公安、环保、卫生等主管部门有关规定的；

（九）有关法律、法规规定禁止出租的其他情形。

其次，出租房屋时要符合法律、法规规定的程序和条件。

第一，应签订书面租赁合同。《城市房屋租赁管理办法》第9条规定，房屋租赁，当事人应当签订书面的租赁合同。租赁合同应当具备以下条款：（1）出租人及承租人姓名或者名称及住所；（2）房屋的坐落、面积、装修及设施状况；（3）租赁用途；（4）租赁期限；（5）租金及交付方式；（6）房屋修缮责任；（7）转租的约定；（8）变更和解除合同的条件；（9）双方约定的其他条款。租赁合同可以参考有关部门制定的合同范本。在出租房屋时，业主应当向承租人出示管理规约，并告之承租人应当遵守管理规约和物业管理公司制定的有关物业管理制度。如果承租人违反管理规约的规定，业主应当承担连带责任。

第二，履行租赁登记备案程序，取得《房屋租赁许可证》。《城市房屋租赁管理办法》第13条规定，房屋租赁实行登记备案制度。租赁登记备案的机关是房屋所在地的直辖市、市、县人民政府房地产管理部门。房屋租赁当事人应当在租赁合同签订后30日内，持书面租赁合同、房屋所有权证书、双方的合法证件以及城市人民政府规定的其他证件到房地产管理部门办理登记备案手续。房屋租赁申请经房地产管理部门审查合格后，颁发《房屋租赁许可证》。

第三，履行纳税义务。出租房屋是一种收益行为，所以应该交纳相关的税费。目前，就北京市来讲，出租房屋需缴纳7项税费，即房产税、营业税、城市维护建设税、教育费附加、个人所得税、城镇土地使用税、印花税。

最后，业主作为出租人，应明确自己作为出租人的权利和义务。根据《合同法》及建设部《城市房屋租赁管理办法》相关规定，业主作为出租人有以下权利：

1. 有权向承租人收取租金。

2. 租赁期限已满而又没有重新签订租赁合同的，有权按合同约定期限收回房屋。如承租人拒不迁出，出租人可以请求房地产主管部门责令其迁出或向人民法院提起诉讼。

3. 如承租人利用房屋进行违法活动，擅自改变房屋结构或约定用途，擅自将房屋转让、转租或调换使用，拖欠租金累计6个月以上的，出租人有权解除合同并收回出租房屋。

另外，当承租人有下列行为之一的，出租人有权终止合同，收回房屋，因此而造成损失的，由承租人赔偿：

（一）将承租的房屋擅自转租的；

（二）将承租的房屋擅自转让、转借他人或擅自调换使用的；

（三）将承租的房屋擅自拆改结构或改变用途的；

（四）拖欠租金累计6个月以上的；

（五）公有住宅用房无正当理由闲置6个月以上的；

（六）利用承租房屋进行违法活动的；

（七）故意损坏承租房屋的；

（八）法律、法规规定其他可收回的。

业主作为出租人应承担的义务主要有：

1. 在租赁期限内，确需提前收回房屋时，应当事先征得承租人同意，给承租人造成损失的，应当予以赔偿。

2. 应当依照租赁合同约定的期限将房屋交付承租人，不能按期交付的，应当支付违约金；给承租人造成损失的，应当承担赔偿责任。

3. 出租住宅用房的自然损坏或合同约定由业主修缮的，由业主负责修复。不及时修复，致使房屋发生破坏性事故，造成承租人财产损失或人身伤害事故的，应当承担赔偿责任。

这些内容是业主出租房屋时应该了解和注意的问题。另外，《物业管理条例》第 48 条规定，物业使用人在物业管理活动中的权利义务由业主和物业使用人约定，但不得违反法律、法规和管理规约的规定。物业使用人违反本条例和管理规约的规定，有关业主应当承担连带责任。同时，第 42 条规定，业主与物业使用人约定由物业使用人交纳物业服务费用的，从其约定，业主负连带交纳责任。因此，业主出租时，对上述事项应与承租人明确约定，同时，在平时要加强与承租人的联系，了解其情况，督促其履行相应的义务，遵守管理规约和有关法律规定，而不能放任不管，以免给自己造成不必要的损失。

9 开发商能否转让、出租小区内的公共场地？

《物业管理条例》第 27 条规定，业主依法享有的物业共用部位、共用设施设备的所有权或者使用权，建设单位不得擅自处分。即业主享有公共场地的所有权。开发商在销售完所有可销售面积后，全体购房者不仅购买了全部商品房及基地的土地使用权，同时购买了全部没有独立产权的建筑物及其附属设施的所有权，即共用部位和公用设施设备，开发商已经不再享有对房屋以及建筑物的所有权。整栋楼盘的所有权归全体业主共用，开发商自然无权对小区内的公共场地进行处分。如果开发商擅自转让、出租小区内的公共场地，就侵害了所有业主的权益。

即使是开发商还没有销售完所有房屋而享有对部分房屋的所有权，也不能擅自将小区的共用部位转让给他人。因为服务于整幢楼盘的共用部位，不具有独立性，没有楼宇，就不存在共用部位。此时，开发商也是业主，和其他业主一起对楼宇共同享有所有权，对共用部位同样共同享有所有权。所以，开发商要转让、出租小区内的公共场地，首先要征得其他业主的同意，如果其他业主不同意开发商转让、出租的，则开发商不得擅自转让、出租小区的公共场地。

10 物业管理公司是否有权出租共用部位？

某物业管理公司将高层住宅小区内一层大厅过道两侧出租给他人经营副食百货。小区内的部分业主认为，这为日常生活提供了方便，对物业管理公司的这种行为无所谓。大部分业主认为，物业管理公司未经业主同意，擅自出租物业管理区域内的共用部位，侵犯了业主的权益，是一种侵权行为。物业管理公司则认为，自己是住宅小区的管理者，有权将一层大厅内的共用部位出租给他人经营。双方争执不下，业主委员会遂向法院起诉，请求法院判决物业管理公司立即停止侵权行为，返还违法所得，并赔偿损失。

法院判决物业管理公司败诉。

根据我国法律规定：其一，物业管理公司的这种行为侵害了业主的所有权。一层大厅过道属于业主所有，属于共用部位。业主在购房时，开发商已将该共用部位的面积分摊到了各个业主所购房屋的建筑面积中了。对这一共用部位，按照《民法通则》第78条的规定："财产可以由两个以上的公民、法人共有"，是属于楼内的业主的共同共有财产。在高层住宅楼内，大门、大厅、楼道、楼梯、电梯等都属于业主的共有财产。物业管理公司对属于业主共有的财产，其主张权利是无法律依据的。所以，物业管理公司将属于业主所有的一层大厅过道的共用部位进行出租，是一种对财产使用权的处分行为。但物业管理公司对这一特定的财产并无所有权。所以，其出租行为是对业主共有权利的一种侵害。其二，物业管理公司必须要对侵权行为承担法律责任。《民法通则》第106条规定："公民、法人由于过错侵害国家的、集体的财产，侵害他人财产、人身的，应当承担民事责任。"此案中，物业管理公司擅自出租属于业主共有财产的共用部位的行为是一种侵权行为，必须为自己的这种侵权行为承担民事责任。因此，法院判决其停止侵害，返还违法所得，并赔偿损失。

11 如何划分业主与建设单位对物业的保修责任？

根据建设部《商品住宅实行住宅质量保证书和住宅使用说明书制度的规定》（以下简称《规定》），房地产开发企业在向业主交付销售的新建商品住宅时，必须提供《住宅质量保证书》和《住宅使用说明书》，并按照《住宅质量保证书》的约定，承担保修责任。同时，2001年4月4日建设部发布的《商品房销售管理办法》第33条规定，房地产开发企业应当对所售商品房承担质量保修责任。当事人应当在合同中就保修范围、保修期限、保修责任等内容作出约定。保修期从交付之日起计算。商品住宅的保修期限不得低于建设工程承包单位向建设单位出具的质量保修书约定保修期的存续期；存续期少于《规定》中确定的最低保修期限的，保修期不得低于《规定》中确定的最低保修期限。非住宅商品房的保修期限不得低于建设工程承包单位向建设单位出具的质量保修书约定保修期的存续期。在保修期限内发生的属于保修范围的质量问题，房地产开发企业应当履行保修义务，并对造成的损失承担赔偿责任。因不可抗力或者使用不当造成的损坏，房地产开发企业不承担责任。

商品住宅出售后，房地产开发企业委托物业服务企业等单位承担维修责任的，应在《住宅质量保证书》中明确规定所委托的单位。住宅保修期限从房地产开发企业将竣工验收的住宅交付业主或非业主使用之日起计算。

如果业主或物业使用人在对物业验收后自行添置、改动设备、设施，由业主或物业使用人自己承担维修责任。业主或物业使用人违反《住宅使用说明书》的合理使用提示，擅自改动房屋结构、设备、管理的位置以及不当装修、不当使用等造成的质量问题，房地产开发企业不承担保修责任。由上述原因引起的房屋质量受损和其他用户损失，由责任人承担相应责任。

12 如何划分物业管理公司与业主的维修范围与维修责任？

对物业进行维修和养护是物业管理公司与业主的共同责

任。在具体实践中，物业管理公司与业主的维修范围与维修责任要通过协商在双方签订的物业服务合同中约定。

一般情况下，物业管理公司对下列内容负有养护与维修的责任：物业管理区域内的共用部位和共用设备，包括房屋的外墙面、楼梯间、通道、屋面、上下水管道、公用水箱、加压水泵、电梯、机电设备、公用天线和消防设施等房屋主体共用设施；物业管理区域内的公共建筑和共用设施、道路、绿地等。如果有人人为造成共用部位和共用设施损坏的，由行为人负责修复；造成损失的，应当由行为人赔偿损失。

物业管理公司对物业管理区域内的共用部位和共用设施没有所有权，因此《物业管理条例》第42条规定了业主应当根据物业服务合同的约定交纳物业服务费用。同时，第54条规定，住宅物业、住宅小区内的非住宅物业或者单幢住宅楼结构相连的非住宅物业的业主，应当按照国家有关规定交纳专项维修资金。专项维修资金归业主所有，专项用于物业保修期满后物业共用部位、共用设施设备的维修和更新、改造，不得挪作他用。

根据各地区的实际经验，业主作为物业的所有人，应对其所有的物业承担相应的维修养护责任。一般情况下，房屋、居室的室内部分，由业主享有专有使用权，所以室内的部位和设备，包括水、电、气等户内的管线、设施和自用阳台，由业主负责维修。如果业主不履行维修责任，致使自己所有的房屋及附属设施危害相邻房屋安全及公共安全，造成损失的，业主应当承担赔偿责任。业主可以自行维修养护其自用部分和自用设备，也可以委托物业管理公司或其他专业维修人员进行维修。委托物业管理公司或其他专业维修人员进行维修的，费用由业主来承担。

13 共用部位渗水造成业主损失应如何处理？

李某通过二手房中介公司购买了位于顺兴小区 13 号板楼的顶楼 602 室，并经过装修搬入居住，半年后李某发现每逢下大雨就会有雨水渗入房内，为此他找过物业管理公司，物业管理公司也派人在外墙和房顶进行了修理，但渗水问题始终未解决。李某屋内墙壁因渗水而发霉剥落，部分家具沙发也因此而造成了损坏。业主李某认为内墙的损坏是由于外墙、屋顶渗水所致，要求物业管理公司对外墙、屋顶进行彻底维修，但物业管理公司认为屋内墙壁属私人地方，应由李某自己维修，物业管理公司没有维修的义务而不予处理。迫于无奈的情况下，李某把物业管理公司告到了法院。

法院认为，李某因外墙、屋顶渗水而受到损失，十分明显，但要确定物业管理公司是否有责任的关键是要确定外墙、屋顶渗水的根本原因。所以，为查明原因，法院依法聘请了有关房屋质检部门进行鉴定。经鉴定，发现外墙、屋顶渗水的原因是由于建筑材料水泥、砂浆、砖块质量低劣，不符合建筑材料要求的标准。因此，查明李某房屋渗水是属于房屋建筑质量的问题。经了解，李某的房屋尚处于建筑质量保修期内。因此，法院认为物业管理公司不能成为本案的被告，遂驳回了李某的起诉。李某另以建设单位为被告，法院经审理后依法判决建设单位负责赔偿业主李某的损失，并负责将李某的外墙、屋顶和受损的内墙修理妥当。

本案涉及的是共用部位的维修责任应由谁承担的问题。在实际生活中，遇到这类问题时，需要先确定是否是因为建设工程质量的问题。如果是建设工程质量的问题，则要查明是否在建设工程质量的保修期内。如果房屋是在保修期和保修范围

内，由于房屋的质量问题造成业主损失时，应当由开发商或建设单位来承担维修责任和损害赔偿责任。建设部发布的《商品房销售管理办法》第32条规定，销售商品住宅时，房地产开发企业应当根据《商品住宅实行质量保证书和住宅使用说明书制度的规定》，向买受人提供《住宅质量保证书》、《住宅使用说明书》。第33条规定，房地产开发企业应当对所售商品房承担质量保修责任。当事人应当在合同中就保修范围、保修期限、保修责任等内容作出约定。保修期从交付之日起计算。在保修期限内发生的属于保修范围的质量问题，房地产开发企业应当履行保修义务，并对造成的损失承担赔偿责任。因此，业主可以根据与房地产开发企业在合同中约定的保修期限和保修范围及《住宅质量保证书》、《住宅使用说明书》规定的内容，要求房地产开发公司履行保修义务，并可要求房地产开发公司赔偿因房屋质量问题而导致业主的人身、财产损失。如果房屋已过了保修期或超出了保修的范围，对物业管理区域内的共用部位，全体业主负有维修的义务。如果业主交纳了专项维修资金的，房屋的大修、中修的费用应当从专项维修资金中支付。一般来讲，根据物业管理的有关法律、法规和双方在物业服务合同中的约定，共用部位的维修、养护责任由物业服务企业来承担。所以，出现房屋共用部位需要维修时，可由业主向物业服务企业报修，物业服务企业负责修复。另外，业主作为物业的所有权人，在房地产开发企业或建设单位的保修期和保修范围之外，对物业也负有一定的维修管理责任。业主可以自己维修，也可以委托物业服务企业来进行维修管理。委托物业服务企业进行维修的，维修的费用由业主向物业服务企业支付。

14 物业管理区域内的供水、供电、供气、供热、通信、有线电视的费用向谁收取？由谁来承担维修、养护这些公共管线、设备设施的责任？

在物业管理区域内，有关部门向住户供水、供电、供气、供热，提供通讯、有线电视等服务，这就形成了与业主、物业使用人之间的一种供应合同关系。根据《合同法》的有关原理，这些单位为业主、物业使用人供水、供电、供气、供热，提供通信、有线电视等服务，有权收取相应的费用，同时要承担对相关公共管线和设施设备进行维修、养护的义务，要保证相关公共管线的畅通和设施设备的正常有效使用；业主、物业使用人享有消费这些特殊商品和服务的权利，也应履行支付相应费用的义务。因此，《物业管理条例》第45条规定："物业管理区域内，供水、供电、供气、供热、通信、有线电视等单位应当向最终用户收取有关费用。物业服务企业接受委托代收前款费用的，不得向业主收取手续费等额外费用。"第52条规定："供水、供电、供气、供热、通信、有线电视等单位，应当依法承担物业管理区域内相关管线和设施设备维修、养护的责任。"

在实际生活中，要明确物业服务合同与供水、供电、供气、供热、通信、有线电视等供应合同不属于同一法律关系。物业服务合同是物业服务企业与业主之间的委托与被委托的服务关系，而供应合同是业主与有关部门或单位之间供应商品、提供服务的法律关系。因此，作为物业服务合同一方当事人的物业服务企业不承担对供水、供电、供热、通信、有线电视等相关公共管线和设施设备进行维修、养护的义务，业主也不应强求物业服务企业来承担这种义务。如果供水、供电、供气、供热、通信、有线电视等单位委托物业服务企业对其相关公共管线和设施设备进行维修、养护的，则又形成了一种新的法律关系。物业服务企业对这些供水、供电、供热、供气、通信、有线电视等相关公共管线和设施设备维修、养护的费用应由有关单位来承担，物业服务企业不得向业主、物业使用人收取这些维修、养护费用。当然，这些单位委托物业管理公司承担维修、养护相关公共管线和设施设备的，并不能免除这些单位的责任。如果业主、物业使用人或物业管理公司在物业使用、装修或物业管理活动中，损坏了这些公共管线、设备设施的，则由责任人来承担责任。

15 水、电、气、暖的收费标准是多少？

由于全国各地的经济发展、地理位置、资源配置的情况不同，各地的水、电、气、暖等能源的收费标准也有所不同。

自来水公司、供电局、煤气公司以及热力公司是水、电、气、热能源的供应者，业主是消费者。按照《物业管理条例》第45条规定，物业管理区域内，供水、供电、供气、供热、通信、有线电视等单位应当向最终用户收取有关费用。物业服务企业接受委托代收前款费用的，不得向业主收取手续费等额外费用。

16 什么是专项维修资金？专项维修资金的管理有何法律规定？

专项维修资金又称为专项维修基金、公共维修基金，它是指根据有关法律的规定，由业主或有关单位交纳的专项用于住宅共用部位、共用设施设备保修期满后的维修和改造的资金。

《物业管理条例》第54条规定，住宅物业、住宅小区内的非住宅物业或者与单幢住宅楼结构相连的非住宅物业的业主，应当按照国家有关规定交纳专项维修资金。专项维修资金属业主所有，专项用于物业保修期满后物业共用部位、共用设施设备的维修和更新、改造，不得挪作他用。专项维修资金收取、使用、管理的办法由国务院建设行政主管部门会同国务院财政部门制定。因此，可以说交纳专项维修资金是业主的一项基本义务。

为了加强对专项维修资金的管理，2007年10月30日建设部、财政部联合制定下发了《住宅专项维修资金管理办法》，较全面地规定了住宅的专项维修资金的相关制度。

17 何时缴纳专项维修资金？

以前住房维修资金缴存时间很多都是在购房人办理房产证时与契税一并缴存。根据2007年10月30日建设部第142次常务会议讨论通过，经财政部联合签署，自2008年2月1日起施行的《住宅专项维修资金管理办法》的规定，商品住宅的业主应当在办理房屋入住手续前，将首期住宅专项维修资金存入住宅专项维修资金专户，否则不得将房屋交付购买人。有些投资房产的人，买来房子后一般不入住，也不办房产证，而物业维修金就拖着不缴，这就影响其他住户维修房子。新办法实施后，未缴费的业主将拿不到新房钥匙，使住房维修和维护得到规范。

18 缴纳多少专项维修资金？

依照以前相关规定维修资金的缴费比例以建筑安装工程成

本的4%～6%来计算。一般来说，普通住宅是20元/平方米，小高层、别墅、营业用房等是30元/平方米。根据自2008年2月1日起施行的《住宅专项维修资金管理办法》的规定，提高了住宅专项维修资金，比例提高到5%～8%，也就是说，首期支付专项维修资金的时候，要多支付4%左右。另外，当专项维修资金的余额不足30%时，业主还需要再交纳。不过由于目前具体细则并没有出台，所以有关部门还没有制定出准确的数字来。如果按房子的建安成本造价为600元/平方米来计算，假设交存的比例定为5%，那么首期所需要交存的物业维修资金为600×5%＝30元/平方米，而原来的首期缴存费只要600×4%＝24元/平方米，每平方米至少提高了6元。

19 维修资金由谁保管？由谁决定如何使用？

根据自2008年2月1日起施行的《住宅专项维修资金管理办法》的规定，业主大会成立前，住宅专项维修资金由所在地政府建设（房地产）主管部门代管；业主大会成立后，业主可以向相关部门提出申请，通过召开业主大会的方式，经该物业管理区域内专有部分占建筑物总面积2/3以上的业主且占总人数2/3的业主同意，由业主大会授权业主委员会负责专项维修资金的日常管理。业主大会可以委托所在地一家商业银行作为专户管理银行，开立住宅专项维修资金专户。在保证维修资金正常使用的前提下，可按照国家有关规定将专项维修资金用于购买国债。这是建设部和财政部首次明确业主大会可以在商业银行开设专项维修资金的专户。这样一来，无论业主大会成立前、后，维修资金都由银行掌管，专款专用。不管业主委员会、物业公司如何更换，维修资金不会跟着走，提高了维修资金的安全性。

根据自2008年2月1日起施行的《住宅专项维修资金管理办法》的规定，物业服务企业根据维修和更新、改造项目提出使用建议；没有物业服务企业的，由相关业主提出使用建议；住宅专项维修资金列支范围内专有部分占建筑物总面积2/3以上的业主且占总人数2/3以上的业主讨论通过使用建议。新规定对维修资金的使用程序进行了简化，可以很好地解决目前困扰很多小区的住房维修资金提取难、使用难的问题。如小区某幢楼的楼道灯坏了，如果这幢单元楼有30户住户，只要其中20户住户同意就可列支维修资金。

20 可否利用物业共用部位、共用设备进行经营活动？

《物业管理条例》第55条规定："利用物业共用部位、共用设施设备进行经营的，应当在征得相关业主、业主大会、物业服务企业的同意后，按照规定办理有关手续。业主所得收益应当主要用于补充专项维修资金，也可以按照业主大会的决定使用。"根据这一规定看出，可以利用物业的共用部位、共用设施设备进行经营活动，但却是有条件的。首先，要利用物业共用部位、共用设施设备进行经营的，应当征得相关业主、业主大会、物业服务企业同意。如果相关业主、业主大会或物业服务企业不同意的，则不能利用物业共用部位、共用设施设备进行营利活动。因为物业的共用部位、共用设施设备是属于物业管理区域内的全体业主或者相关业主共同共有，任何个人不能独占使用。其次，在征得相关业主、业主大会、物业服务企业的同意进行经营时，还应当按照规定办理有关手续。其中可能要办理的相关手续包括：应当到工商部门办理营业执照；房屋租赁、抵押的应当到有关房管部门办理登记备案手续；开设广告应当到工商部门和城管部门办理广告批准手续。第三，利用物业共用部位、共用设施设备进行营利活动，业主所得收益应当主要用于补充专项维修资金，也可以按照业主大会的决定使用。其中所得的收益，是指经营的利润收入。这种规定，体现了公共利益的原则，即共用部位、共用设施设备的经营收入主要用于共用部位、共用设施设备的维护，用于补充到专项维修资金中去。如果业主大会出于公共利益的需要，对收益的使用也可以另作决定。

21 开发商与物业管理公司在小区楼上架设广告牌，居民是否应该有收益？

小区楼上属于公共建筑部分，由楼座的全部产权人共有。按照《物业管理条例》第 55 条的规定，利用物业共用部位、共用设施设备进行经营的，应当征得相关业主、业主大会、物业服务企业等部门的同意，并且办理相关手续，开设广告应当到工商部门和城管部门办理广告批准手续。因此，确定了小区楼顶的所有权，也就确定了谁对小区楼顶这一公共建筑享有处分权、使用权、收益权。不论是开发商还是物业管理公司，都应当遵守条例的规定。作为物业所有权人的业主，对经营广告收入也有收益权。具体的收益分配比例，可以由全体业主、业主委员会与开发商或物业管理公司协商确定。业主所得的收益应当主要用于补充专项维修资金，也可以按照业主大会的决定进行使用。

五、物业服务收费

1 什么是物业服务收费？物业服务收费如何确定？

物业服务收费，是指物业服务企业按照物业服务合同的约定，对房屋及配套的设施设备和相关场地进行维修、养护、管理，维护相关区域内的环境卫生和秩序，向业主所收取的费用。

为了规范物业服务收费行为，保障业主和物业服务企业的合法权益，国家发展和改革委员会、建设部于2003年11月13日印发了《物业服务收费管理办法》。此《办法》从2004年1月1日起正式执行，1996年3月1日国家计划委员会发布的《城市住宅小区物业服务收费暂行办法》同时废止。

《物业管理条例》第41条规定：物业服务收费应当遵循合理、公开以及费用与服务水平相适应的原则，区别不同物业的性质和特点，由业主和物业服务企业按照国务院价格主管部门会同国务院建设行政主管部门制定的物业服务收费办法，在物业服务合同中约定。《物业服务收费管理办法》第5条规定：物业服务收费应当遵循合理、公开以及费用与服务水平相适应的原则。第22条规定：各省、自治区、直辖市人民政府价格主管部门、房地产行政主管部门可以依据本办法制定具体实施办法，并报国家发展和改革委员会、建设部备案。因此，对于物业服务收费，国家并没有制定一个统一的收费标准，在具体实际工作中，应根据各地经济发展的情况、制定的有关物业收费的管理规定，由物业服务企业与业主、业主委员会经过协商后，在物业服务合同中进行约定。

根据《物业服务收费管理办法》第6条规定：物业服务收费应当区分不同物业的性质和特点分别实行政府指导价和市场调节价。具体定价形式由省、自治区、直辖市人民政府价格主管部门会同房地产行政主管部门确定。根据《价格法》的规定，国家实行并逐步完善宏观经济调控下主要由市场形成价格的机制，重要的公益性服务价格，政府在必要时可以实行政府指导价或者政府定价。物业服务具有一定的公益性，所以，政府可以对其进行适当的价格指导。同时，物业服务企业作为物业服务的主体，又是经营性质的单位，所以《物业服务收费管理办法》第3条又规定：国家提倡业主通过公开、公平、公正的市场竞争机制选择物业服务企业；鼓励物业服务企业开展正当的价格竞争，禁止价格欺诈，促进物业服务收费通过市场竞争形成。因此，可以说，我国目前对物业服务收费实行政府指导价和市场价两种定价形式。

物业服务收费实行政府指导价的，有定价权限的人民政府价格主管部门应当会同房地产行政主管部门根据物业服务等级标准等因素，制定相应的基准价及浮动幅度，并定期公布。具体收费标准由业主与物业服务企业根据规定的基准价和浮动幅度在物业服务合同中约定。实行市场调节价的物业服务收费，由业主与物业服务企业在物业服务合同中约定。

为了保障业主的权益，《物业服务收费管理办法》规定，物业服务企业在物业服务中应当遵守国家的价格法律法规，严格履行物业服务合同，为业主提供质价相符的服务。同时，物业服务企业应当按照政府价格部门的规定实行明码标价，在物业管理区域内的显著位置，将服务内容、服务标准以及收费项目、收费标准等有关情况进行公示。同时，物业服务企业已接受委托实施物业服务并相应收取服务费用的，其他部门和单位不得重复收取性质和内容相同的费用。另外，为了保护业主的利益，维护物业管理市场的正当竞争，有关行政管理部门对物业服务企业的乱收费应当行使监督权。《物业管理条例》第43条规定，县级以上人民政府价格主管部门会同同级房地产行政主管部门，应当加强对物业服务收费的监督。《物业收费管理办法》第4条规定，国务院价格主管部门会同国务院建设行政主管部门负责全国物业服务收费的监督管理工作。县级以上地方人民政府价格主管部门会同同级房地产行政主管部门负责本行政区域内物业服务收费的监督管理工作。该《办法》第21条还规定，政府价格主管部门会同房地产行政主管部门，应当加强对物业服务企业的服务内容、标准和收费项目、标准的监督。物业服务企业违反价格法律、法规和规定，由政府价格主管部门依据《价格法》予以处罚。

当然，作为接受物业服务的业主和物业使用人，也应当履行自己的交费义务，以保证物业服务企业进行正常的物业管理活动。因此，《物业服务收费管理办法》第15条规定，业主应当按照物业服务合同的约定按时足额交纳物业服务费用或者物业服务资金。业主违反物业服务合同约定逾期不交纳服务费用或者物业服务资金的，业主委员会应当督促其限期交纳；逾期仍不交纳的，物业服务企业可以依法追缴。业主与物业使用人约定由物业使用人交纳物业服务费用或者物业服务资金的，从其约定，业主负连带交纳责任。

这些规定，是确定物业服务费用所必须遵守的。物业服务收费中的公共收费项目不能超出这些规定。同时，对于业主自用部位、自用设施设备等的维修、养护费用及其他特约服务的收费，由业主与物业服务企业自行协商并向物业服务企业交纳。

2 什么是包干制计费方式？采用包干制计费方式时，物业服务费用包括哪些内容？

根据《物业服务收费管理办法》的规定，业主与物业服务企业可以采取包干制或者酬金制等形式约定物业服务费用。所以，包干制和酬金制计费方式是目前约定物业服务费用的两种主要方式。

所谓包干制计费方式，是指由业主向物业服务企业支付固定物业服务费用，盈余或者亏损均由物业服务企业享有或者承担的物业服务计费方式。实行物业服务费用包干制的，物业服务费用的构成包括物业服务成本、法定税费和物业服务企业的利润。

根据《物业服务收费管理办法》的规定，物业服务成本一般包括以下内容：

（一）管理服务人员的工资、社会保险和按规定提取的福利费等；

（二）物业共用部位、共有设施设备的日常运行、维护费用；

（三）物业管理区域清洁卫生费用；

（四）物业管理区域绿化养护费用；

（五）物业管理区域秩序维护费用；

（六）办公费用；

（七）物业服务企业固定资产折旧；

（八）物业共用部位、共用设施设备及公众责任保险费用；

（九）经业主同意的其他费用。

需要注意的是，根据《物业服务收费管理办法》的规定，对于物业共用部位、共用设施设备的大修、中修和更新、改造费用，应当通过专项维修资金予以列支，不得计入物业服务成本。

法定税费，是指按国家有关税收法律法规的规定，物业服务企业应该缴纳的相关税金及相关费用。如物业服务企业要交纳营业税金及附加，而营业税金及附加主要包括营业税、城市维护建设税和教育费附加。

物业服务企业的利润。根据我国会计制度和《物业服务企业财务规定》，物业服务企业的利润包括营业利润、投资净收益、营业外收支净额以及补贴收入。

营业利润包括主营业务利润和其他业务利润。主营业务利润是指主营业务收入减去营业税金及附加，再减去营业成本、管理费用及财务费用后净额。营业税金及附加包括营业税、城市维护建设税和教育费附加。

其他业务利润是指其他业务收入减去其他业务支出和其他业务缴纳的税金及附加后的净额。其他业务收入主要是指物业服务企业从事主营业务以外的其他业务活动所取得的收入，如房屋中介代销手续费收入、材料物资销售收入、废品回收收入、商业用房经营收入及无形资产转让等收入。商业用房经营收入是指物业服务企业利用业主委员或物业产权人、使用人提供的商业用房，从事经营活动取得的收入，如开办健身房、歌舞厅、美容美发屋、商店、饮食店等经营收入。

补贴收入是指国家拨给企业的政策性亏损补贴和其他补贴。

目前，一些地方对物业服务企业的利润率作了明确的规定。如上海市规定，物业服务收费的利润率不得超过15%。北京市规定，物业服务企业提供费用预算时，利润率限定在12%以内。福建省规定，应按照物业的不同性质实行不同的利润率，如果是属于福利房、微利房性质的住宅和非营业性的机关事业单位办公用房的收费以保本为原则，利润按照不超过工资福利费总额的5%计算；商品房住宅、高级公寓、营业性用房等的利润按照不超过工资福利费总额的20%计算。

3 什么是酬金制计费方式？采用酬金制计费方式时，物业服务费用包括哪些内容？

酬金制计费方式是物业服务收费中的另一种重要的计费方式，它是指在预收的物业服务资金中按约定比例或者约定数额提取酬金支付给物业服务企业，其余全部用于物业服务合同约定的支出，结余或者是不足均由业主享有或者承担的物业服务计费方式。实行物业服务费用酬金制的，预收的物业服务资金包括物业服务支出的物业服务企业的酬金。

根据《物业服务收费管理办法》的规定，物业服务支出与包干制计费方式中的物业服务成本相同，一般包括以下内容：

（一）管理服务人员的工资、社会保险和按规定提取的福利费等；

（二）物业共用部位、共用设施设备的日常运行、维护费用；

（三）物业管理区域清洁卫生费用；

（四）物业管理区域绿化养护费用；

（五）物业管理区域秩序维护费用；

（六）办公费用；

（七）物业服务企业固定资产折旧；

（八）物业共有部位、共用设施设备及公众责任保险费用；

（九）经业主同意的其他费用。

同样，物业共有部位、共用设施设备的大修、中修和更新、改造费用，根据《物业服务收费管理办法》的规定，应当通过专项维修资金予以列支，不得计入物业服务支出。

物业服务企业的酬金，是物业服务企业从事物业管理活动应得的报酬，一般按业主或业主委员会与物业服务企业约定的比例或约定的数额在预收的物业服务资金中提取。

需要注意的是，实行物业服务费用酬金制的，预收的物业服务支出属于代管性质，为所交纳的业主所有，物业服务企业不得将其用于物业服务合同约定以外的支出。预收的钱没有花完时，剩下的部分属于全体业主所有。如果预收的钱不够时，得由业主来支付。

物业服务企业应当向业主大会或者全体业主公布物业服务资金年度预决算并每年不少于一次公布物业服务资金的收支情

况。业主或者业主大会对公布的物业服务资金年度预决算和物业服务资金的收支情况提出质询时，物业服务企业应当及时答复。

物业服务收费采取酬金制方式，物业服务企业或者业主大会可以按照物业服务合同约定聘请专业机构对物业服务资金年度预决算和物业服务资金的收支情况进行审计。采用这种计费方式，有利于业主、业主委员会加强对物业服务企业的监督，以维护业主的利益。一方面，业主大会可能通过聘请会计师事务所等专业机构来对物业服务资金年度预决算和物业服务资金的收支情况进行审计，以监督物业服务企业的财务支出的公开性、合理性和透明度，杜绝或减少物业服务企业在支出方面弄虚作假。另一方面，业主可对物业服务企业提供的服务加强监督。物业服务企业是否能够获得相应报酬或利润，在一定程度上取决于业主对其提供服务的满意程度，如果物业服务企业服务质量达不到物业服务合同约定的服务水平或标准，业主有权利拒付物业服务费用。

4 物业服务收费的时间起点如何确定？

《物业管理条例》第 42 条第 1 款规定，业主应当根据物业服务合同的约定交纳物业服务费用。第 2 款规定，已竣工但尚未出售或者尚未交给物业买受人的物业，物业服务费用由建设单位交纳。《物业服务收费管理办法》第 16 条规定，纳入物业管理范围的已竣工但尚未出售，或者因开发建设单位原因未按时交给物业买受人的物业，物业服务费用或者物业服务资金由开发建设单位全额交纳。根据这些规定，业主交纳物业管理费用的时间应在物业服务合同中约定，依合同约定执行。

通常有以下几种情况：

（一）约定房屋交付之日起开始收取物业服务费。也就是物业管理费的收取从开发商或建设单位实际将房屋交付给购买人，购买人对房屋验收合格之日起或者满足合同约定的“视同实际交付”条件之日起计算。如果房屋已实际交付购买人且已验收，即使业主没有实际居住在小区，业主同样应依据合同履行支付物业服务费的义务。

（二）从购房人实际办理入住手续时开始计收。这种情况是指购房人购买房屋时与开发商、建设单位或物业管理公司约定在实际办理入住手续时才开始收取物业服务费。但在实际生活中请注意，如果开发商、建设单位已发出入住通知书，但购房人无正当理由不进行入住，也不办理入住手续时，物业管理费可以从发出入住通知书后一段合理时间起开始计算收取物业管理服务费。

（三）购房人与开发商就物业管理费的收取另有约定的，依双方的约定执行。

（四）已竣工但尚未出售或者尚未交给物业买受人的物业，物业服务费用由建设单位交纳。

至于交纳物业服务费的方式，各地有不同的规定。就北京地区来讲，物业服务费可以按月、按季或按年度交纳。

5 物业管理公司一次性收取多年的物业服务费是否合理?

关于收费标准和收取方式，《物业管理条例》没有作出明确的规定。不同地区执行不同的规定。《北京市物业服务收费管理办法（试行）》就明确规定，物业管理企业可按月、按季或按年度计收物业服务费用，但不得一次性预收一年以上（不含一年）的物业服务费用。1996 年 5 月 15 日公布的《上海市商品住宅物业服务收费暂行办法》第 16 条第 3 项明确规定，物业管理单位不得违背房屋所有人的意愿提前收费，预期收费不得超过 6 个月。

可见，北京、上海两大城市有关部门作出的通知和暂行办法在收取的时间上都体现了不得一次性收取多年物业管理费用的精神。显然，物业管理公司一次性收取多年物业服务费用的做法是不合理的，是一种侵害业主权益的行为。因此，业主在交纳物业服务费用时，有权拒交不合理的预收费用。如果开发商要求购房人一次性交纳多年物业管理费而发生纠纷，导致房屋逾期交付的，开发商应承担迟延交付的违约责任，业主有权利要求赔偿损失。

6 物业使用人拒绝交纳物业服务费怎么办？

李某在某小区购买了一套住宅作为投资，简单装修后出租给王某并签订了房屋租赁协议。双方在协议中约定，王某自行负担使用房屋过程中的水、电、气等费用。后小区由物业公司进行物业管理，物业管理公司遂向王某收取物业费用，王某认为自己不是产权人，而且租房协议中也没有明确约定物业管理费，所以拒绝交纳物业管理费。物业管理公司遂要求李某交纳物业管理费，李某认为自己虽然是业主，但房屋实际由王某使用，而且租房协议中已明确约定由王某自行负担使用房屋过程中的相关费用，物业管理公司应向王某收取物业管理费。遂发生纠纷。

这种情况，在实际生活中不在少数。那么，物业管理公司到底应向谁收取物业管理费用呢?

一般情况下，业主作为物业的产权人，有交纳物业管理费的义务。但是业主在出租房屋时可以同承租人约定物业管理费用由承租人来交纳。在此案例中，租房协议没有明确约定物业管理费的问题，但是明确约定了由王某自行负担使用房屋过程中的水、电、气等费用，这实际上已包含了物业管理费。因此，王某作为物业的实际使用人负有交纳物业管理费用的义务。那么李某是否就没有责任了呢?根据《物业管理条例》第42条的规定:“业主应当根据物业服务合同的约定交纳物业服务费用。业主与物业使用人约定由物业使用人交纳物业服务费用的，从其约定，业主负连带交纳责任。已竣工但尚未出售或者尚未交给物业买受人的物业，物业服务费用由建设单位交纳。”第48条规定:“物业使用人在物业管理活动中的权利义务由业主和物业使用人约定，但不得违反法律、法规和管理规约的有关规定。物业使用人违反本条例和管理规约的规定，有关业主应当承担连带责任。”所以，业主李某应负连带责任。物业管理公司有权向王某收取物业管理费，也有权向李某收取物业管理费用。如李某交纳物业管理费用后，可依法向王某追偿。

7 业主、物业使用人不交物业管理费时，物业管理公司有权停水、停电吗?

要弄清在业主、物业使用人不交物业管理费用时，物业管理公司是否有权采取停水、停电的措施，首先要弄清有关的法律关系。业主与物业管理公司之间基于物业管理的法律关系，依照双方签订的物业服务合同的约定，业主有接受物业管理公司服务的权利，同时承担支付物业管理费用的义务。物业管理公司有权向业主收取物业服务费用，同时承担提供合同约定的服务。因此，业主、物业使用人应履行交纳物业服务费用的义务，而物业管理公司应履行提供合同约定的服务的义务。另一方面，供水、供电是供水、供电部门基于与业主之间的供应合同的关系而履行的供应商品的义务，业主根据供应合同的约定，应该交纳水、电费。一般情况下，如果业主、物业使用人不按供应合同的约定或不依法交纳水、电费时，供水、供电部门可以采取停水、停电的措施，这是供水、供电部门享有的权利。其他部门和个人，不得随意停水、停电。所以，基于以上的分析，可以看出，停水、停电与业主、物业使用人不交纳物业管理费用是分属于不同的法律关系，物业管理费的交纳与否与水、电的供应并不相干，不能混为一谈。因此，当业主、物业使用人在不交纳物业服务费用时，物业管理公司采取停水、停电的措施来迫使业主、物业使用人交纳费用的行为是一种侵权行为。物业管理公司在业主、物业使用人不交物业管理费用时，应当采取合法的手段或途径来解决，而不能采取停水、停电的措施，如果因物业管理公司停水、停电的行为给业主、物业使用人造成损失则要承担相应的法律责任。根据《民法通则》第134条的规定，如果物业管理公司采取停水、停电的行为，其承担民事责任的方式是停止侵害、恢复原状、赔偿损失、赔礼道歉等。

当然，如果在管理规约中约定了对不交纳物业管理费用的业主、物业使用人可以采取停水、停电措施时，物业管理公司可以对不交物业管理费的业主、使用人停水、停电。管理规约体现和保护的是全体业主的共同权益。如果在管理规约中规定了业主、物业使用人不交纳物业管理服务费用时可以采用停电、停水的措施，此时物业管理公司基于管理规约和其他业主的授权享有了对不交物业管理费的业主、物业使用人停水、停电的权利，采取这种措施也正是为了维护业主的共同利益。但这种权利也不是物业管理公司自有的权利。

另外，当供电、供水部门和物业管理公司签订合同，委托物业管理公司代收水电费时，对不交水、电费的业主、物业使用人可根据供水、供电部门的授权采取停水、停电的措施。这种情况下，物业管理公司在收不到水、电费时对不交费的业主代供水、供电部门采取停水停电的措施，是在保护供水、供电部门、物业管理公司和交费业主的权益。但是，应当注意的是，这种权利的行使实质上其权利主体还是供水、供电部门，物业管理公司行使的是委托代理权，其民事后果由供电、供水部门承担。如果业主只交纳了水、电费而没有交纳物业管理费，物业管理公司也不能对业主、物业使用人停水、停电，否则要承担不利的法律后果。

8 房子没入住是否有权拒绝交纳物业管理费?

李某刚参加工作一年，正遇到单位集资建房，虽然李某还没有结婚，与父母住在一起，但想到机会难得，也参加了集资建房。交房后，整幢楼房交给某物业公司管理，李某仍与父母居住在一起，没有到集资新房居住。后来，物业管理公司向李某收物业服务费，而李某认为自己虽是房子的主人，但一天都没有住过，不该交物业服务费。李某的说法正确吗?

《物业管理条例》第42条规定:“业主应当根据物业服务合同的约定交纳物业服务费用。”物业服务费是维持物业正常使用以及物业管理区域内的治安、保洁等良好状态所需要支付的费用，如果物业服务费用不能及时到位，就使得物业得不到应有的保养和维修，就会造成物业服务质量的下降。因此，业主有按照物业服务合同的约定交纳物业服务费用的义务。而物业管理公司依照合同履行义务，提供的服务是一种公共性服务，一个小区不会因为某一个或者几个人不在此居住，而减少物业管理量或者不进行物业管理，物业管理公司对于小区内的保洁、保安、绿化、房屋及公共设施设备的维修、保养等日常管理工作仍要照常进行，管理成本自然不会减少，否则侵犯了其他交纳物业管理费的业主的合法权益。

通常交纳物业管理费的起算时间是从房屋交付时计算，或者从办理入住手续或者通知入住后一段合理时间起计算，在房屋交付或者业主办理入住手续前物业管理费用由开发商负担。除物业管理公司与业主有特殊约定外，是否入住以及入住时间并不是交纳物业管理费用的一个条件。

因此，作为物业产权人的李某，尽管没有在自己的房屋内居住，但仍要按规定或约定交纳物业管理服务费用。

9 开发商延期交房的违约金是否可以折抵物业管理费？

在实践中，由于各种原因，开发商往往出现延期交房的情况。在双方约定的合同中，购房者为保护自己的权利，在购房合同中约定了开发商延期交房的违约金。有些开发商在延期交房时往往提出，将延期交房的违约金折抵业主应交的物业服务费。开发商的这种做法合法吗？

根据我国的有关法律规定，开发商的这种做法是不合法的。开发商不能直接用自己应支付给购房人的延期交房违约金抵销业主应交给物业管理公司的物业服务费。在实践中，行使“抵销权”是有一定的条件限制的。《合同法》第99条规定：“当事人互负到期债务，该债务的标的物种类、品质相同的，任何一方可以将自己的债务与对方的债务抵销，但依照法律规定或者按照合同性质不得抵销的除外。”开发商与购房者是房屋买卖的法律关系，按合同约定的期限交房是开发商的一项义务，如果开发商延期交房，则要承担违约责任，要向购房者支付延期交房违约金。而物业管理是业主与物业服务企业之间的合同关系，物业服务企业提供物业服务，业主有义务交纳物业服务费。因此，可以看出，物业管理与房屋买卖是两个不同的法律关系，物业服务费与延期交房违约金分属于这两个不同的法律关系中。因此，开发商在延期交房时应向购房人支付违约金，业主入住后，应向物业管理公司交纳物业管理费。虽然“延期交房的违约金”与“物业管理费”符合“债务的标的物、种类品质相同”这一点，但由于法律关系主体不同而不能适用《合同法》规定的抵销制度。

实践中，如果用延期交房的违约金折抵物业服务费，应符合有关的法律规定。用延期交房的违约金折抵物业服务费，实际上就形成了“债务转移”的问题。对于“债务转移”，《合同法》第84条规定：“债务人将合同的义务全部或者部分转移给第三人，应当经债权人同意。”因此，开发商对购房人支付“延期交房违约金”的债务，如果想通过折抵物业管理费的方式转移给物业管理公司，首先得经过债权人即购房人的同意，其次还要经债务的受让人即物业管理公司同意。三方经过协商同意折抵的，应该签订有关的协议。

作为购房人，同意开发商用延期交房的违约金折抵自己应交的物业服务费时，还需要注意一个问题，也就是折抵的额度应有一定的限制。根据我国物业管理有关法律、法规及规章的规定，物业服务企业在收取物业服务费时，不得一次收取一年以上物业费。因此，购房人应该明白，折抵的物业服务费不得超过一年以上。如果折抵的额度超过了一年以上的服务费，实际上是开发商和物业管理公司在侵犯自己的权利。遇到这种情况时，购房人有权拒绝。在折抵完一年的物业服务费后，剩余部分的延期交房违约金仍应由开发商支付给购房人。

10 公共区域内的照明费如何分摊？

根据有关的物业管理法规的规定，在物业管理区域内，住宅楼内的楼梯、门厅、走廊等地方是属于共用部位，这些地方的照明系统属于共用设施设备。共用部位、共用设施设备属于全体业主所有。按照国家发展和改革委员会、建设部《物业服务收费管理办法》第 11 条第 2 项的规定：物业共用部位、共用设施设备的日常运行、维护费用，属于物业服务成本或者物业服务支出构成的内容。因此，公共区域内照明这一能源费用属于住宅小区公共性服务收费的费用构成之一，可以计入物业管理成本，根据“谁受益，谁承担”的原则，对这些公共区域内发生的照明费用，应由整幢楼的全体业主进行分摊。所以，业主除了交纳本户所有的照明等能源费用外，还应交纳分摊的能源费用。一般的惯例是按照单元门进行分摊费用。

11 具备什么条件时，提供停车服务才可以收费？

一般情况下，不是所有的停车场所都可以收费。就北京地区来讲，只有具备了相应的条件后，才可以对外经营收费。2001 年 9 月 25 日由北京市国土资源和房屋管理局、北京市公安局、北京市民政局颁布并实施的《关于加强居住小区安全防范管理工作的通知》第 9 条规定，物业服务企业提供停车管理服务并按照《北京市居住小区物业管理服务收费暂行办法》收取停车费的，应达到以下基本要求：

（一）应保证停车有位、停车有序；

（二）24 小时专人看管停车场或采用电视监控系统监视；

（三）车辆进出停车场要登记，进门发放停车凭证，出门凭证放行；

（四）与存车人签订停车协议，明确双方的权利和义务；

（五）向存车人提供物业服务企业发票或停车专用发票。

12 公有住房出售后，其维修费用由谁来承担？

王某的住房是房管局自管的公有住房。1998 年在住房制度的改革中，王某听说公有住房出售后维修费用要自负，所以不愿意购买住房，并就此事向律师咨询。律师回答说公有住房出售后维修费用确实由个人负担。

律师的回答是否正确呢？

1992 年建设部发布的《公有住宅售后维修养护管理暂行办法》第 5 条规定：公有住宅出售后，住宅自用部位和自用设备的维修养护，由住宅所有人承担维修养护责任，住宅所有人可以自行维修养护，也可以委托代修。第 6 条规定：公用住宅出售后，住宅共用部位和共用设施设备的维修养护由售房单位承担维修养护责任，也可以由售房单位在售房时委托房地产经营管理单位承担维修养护责任。第 7 条规定：住宅共用部位和共用设施设备的维修养护费用，可以由售房单位按照规定比例向购房人收取，维修养护费用不足时，暂由原售房单位承担。

因此，律师的说法是不正确的。对于公有住宅的维修养护责任，要根据具体情况来确定。对于住宅自用部位和自用设备的维修养护，应当由住宅所有人承担维修养护责任。住宅共用部位和共用设施设备的维修养护由售房单位承担维修养护责任，也可以由售房单位在售房时委托房地产经营管理单位承担维修养护责任。共用部位和共用设施设备的维修养护费用，可以由售房单位按照规定比例向购房人收取，维修养护费用不足时，暂由原售房单位承担。

另外，1997 年建设部发布了《关于加强公有住房售后维修养护管理工作的通知》。《通知》要求，各地要高度重视公房售后维修养护管理工作。《通知》第 6 条又规定，公有住房出售后，业主委员会成立前，住宅的维修养护管理由售房单位或售房单位委托的管理单位承担；业主委员会成立后，住宅的管理，由业主委员会选聘的物业服务企业，按照双方签订的物业服务合同进行管理。

由以上看出，王某目前没有购买公有住房，如果房屋出现损坏，维修费用不需要自负。但另一方面，国家制定了一系列的优惠政策鼓励居民购买公有住房，并且对公有住房售后的维修管理工作作出了严格的规定，王某可以打消顾虑，根据自身条件考虑是否购买公有住房。

13 物业公司有权收取煤气开通费吗？

煤气开通属于商品住宅的基础配套设施，关于物业公司是否有权收取煤气开通费，我国《物业管理条例》及相关法律没有明确规定，各地的规定也不尽相同。

在北京，《北京市商品住宅销售价格构成管理办法》第6条规定："本市商品住宅的销售实行明码标价制度。开发经营者不得超过标价出售商品住宅，不得收取任何未予标明的费用。"第7条规定："住宅开发成本费用，包括土地使用权出让金、征地费、房屋拆迁补偿补助费、勘察设计及前期工程费、建筑安装工程费、附属工程费和间接费用。"基础配套设施建设费主要包括"四源"建设费，即自来水厂、煤气厂、供热厂、污水处理厂建设费，"四源"建设费由开发商承担，包括在建设项目总投资内。因此，业主是否需要交纳煤气开通费，取决于同开发商的合同约定。如果开发商在合同中没有明示在交房时另行收取的费用，而在实际交房时向业主收取水、电、气入户费或者是物业管理公司向业主收取上述费用都是不合理的，属于重复收费。如果开发商在合同中明示交房时另行收取"四源"或其中某项费用的，可以向业主收取或者委托物业管理公司代收。但物业管理公司不是煤气开通的实施者，无权以自己的名义收取煤气开通费。

在上海，《上海市住宅物业管理规定》第23条规定，物业服务收费应当遵循合理、公开、质价相符的原则。物业服务收费实行政府指导价和市场调节价。执行指导价的范围，按照市人民政府的规定执行。物业管理企业可以根据业主的委托提供物业服务合同约定以外的服务项目，服务报酬由双方协商确定。物业管理企业应当在物业管理区域内书面公布物业服务项

目及其收费标准。

因此，从总体上来讲，物业管理公司不得以自己的名义收取煤气开通费。

14 物业公司是否有权收取装修管理费、装修保证金和装修垃圾清运费？

王先生在某住宅小区买了一套二居室商品房。入住装修时，物业管理公司让他缴纳装修保证金、装修管理费、装修垃圾清运费等。王先生对此拒绝，并向有关部门投诉。究竟哪些收费合理，哪些是不合理的，不同地区略有差异。

通常情况下，业主在装修时物业管理公司都要收取一定的费用。这些费用实际上主要分为两类，一类是可退还的装修押金，一类是不可退还的，包括装修管理费和垃圾清运费。

（一）关于装修管理费。物业管理公司与业主是平等的民事主体，他们之间基于委托关系签订物业服务合同，物业管理公司应履行的义务和收取的物业管理费用均由双方进行平等协商并订立在合同中，对双方均有约束力。根据《物业管理条例》的有关规定，业主需要装饰装修房屋的，应当事先告知物业服务企业。物业服务企业应当将房屋装饰装修中的禁止行为和注意事项告知业主。如果双方在物业服务合同中明确约定可以收取装修管理费的，物业管理公司可向需装修业主收取装修管理费。如果在合同中没有约定的，则物业管理公司不得收取装修管理费，已经收取的应及时退还。

（二）关于装修押金。在装修过程中存在较大的安全隐患，有的业主往往出于自己的利益和便利的考虑，私自拆改承重墙，私自在墙体上开门开窗，私自拆改管道，有的业主在装修中对装修施工人员监督不力，造成下水管道的堵塞，有的施工扰民，有的装修施工人员不遵守有关的规定，有一些违法甚至犯罪的行为，给物业管理区域内的物业管理造成很多的麻烦，有的行为甚至造成了对其他业主和公共利益的侵害。因此，物业管理公司为防止装修过程中出现上述的一些行为，以保护全体业主的共同利益，避免或减少装修带来的损失而收取装修押金作为担保是合理的。如果装修完成后经物业管理公司验收，存在公用设施损坏或者侵犯了其他业主的利益，由业主进行赔偿，以装修押金折抵，不足部分再向业主收取；如果验收合格，退还已收取的装修押金。

（三）关于装修垃圾清运费。装修垃圾是因室内装修产生的建筑垃圾，与日常垃圾清运是不同的服务项目，各地执行情况基本一致。一般地，清运装修垃圾的费用由业主或使用人承担。

六、物业管理法律责任与物业管理纠纷的处理

1 什么是物业管理法律责任？它有何特征？

法律责任也称违法责任，是指自然人、法人或者其他组织对自己的违法行为所应承担的带有强制性的法律上的后果。物业管理法律责任因主体不同，有广义和狭义两种理解。广义的物业管理法律责任是指民事、经济、行政等一般法律关系主体因自己行为违反物业管理法律规范确定的义务及物业服务合同约定义务，或者因不当行使自己权利、职权，或者因某种法律事实的出现，而应承担的具有国家强制性的法律上的不利后果。狭义的物业管理法律责任，是指物业管理法律关系的民事主体、行政指导和监管主体及行政相对人对自己违反物业管理法规的行为所应承担的具有国家强制性的法律上的不利后果。《物业管理条例》中的物业管理法律责任采用狭义的概念。

以引起责任的行为性质为标准划分，物业管理法律责任可以分为民事法律责任、行政法律责任、刑事法律责任，违法行为人可以承担一种或同时承担两种以上的法律责任。

物业管理法律责任与一般法律责任相比，具有以下特征：

(1) 法定责任与约定责任相结合。在《物业管理条例》

及相关的法律、法规中，基于行政管理的目的，规定了物业管理活动主体很多的权利和义务，这些是属于法定的权利、义务，当事人不得以约定形式予以改变，同时还规定了行政管理方面的法律责任，这种法律规定的责任称为法定责任；而同时，物业管理活动基于业主与物业管理公司的委托合同而发生，物业服务合同约定当事人双方的权利义务，当事人应按照合同的约定全面地、严格地履行合同义务，任何一方当事人因违反有效合同所规定的义务均应承担违约责任。这种有效合同约定的责任称为约定责任。所以说，物业管理法律责任是法定责任与约定责任相结合的法律责任。

（2）法律责任的种类和复合关系的复杂性。由于物业管理行为本身的复杂性，相关法律法规对某一行为从不同角度设定了责任规范，民事责任、行政责任和刑事责任在物业管理法律责任中合并存在，出现“法律责任复合”的现象非常普遍，不少违反物业管理法规的行为依法由违法行为人同时承担多种责任。

（3）技术规范确定的责任分量大。物业服务是一项专业性的服务工作，其中的大部分内容，如房屋的修缮、危房鉴定、物业的承接与验收、市政设施维修养护、环境卫生和白蚁防治等涉及多种专业技术。因此，在确定物业管理法律责任时，就要把国家或者行业组织制定的相关技术标准和技术规范作为重要依据。

2 什么是物业管理民事法律责任？承担民事责任的方式有哪些？

物业管理民事法律责任是指由侵权行为和违约行为引起

的，由民事法律规范规定的应给予的民事制裁。按照产生责任的法律基础，可以分为违约责任和侵权责任。

违约责任是指物业管理法律关系的主体不履行合同义务而承担的责任，如物业管理公司不按合同约定的标准和质量提供物业服务，就是一种违约行为，就要承担违约责任。同样，业主不按合同的约定交纳物业服务费用，也是一种违约行为，要承担违约责任。

侵权责任是指行为人侵犯国家、集体和公民的财产权利、人身权利时所应当承担的法律责任。如物业管理公司未经业主、业主大会同意而擅自使用共用部位进行经营的，就是一种侵权行为，要承担侵权的法律责任。业主不履行对自己房屋的修缮义务，而因自己的房屋致人财产或人身损害时，就是一种侵权行为，要承担侵权行为责任。

根据《民法通则》第 134 条的规定，承担民事法律责任的方式共有 10 种，可以单独适用，也可以合并适用。主要有：停止侵害；排除妨碍；消除危险；返还财产；恢复原状；修理、更换、重做；赔偿损失；支付违约金；消除影响；恢复名誉；赔礼道歉等。

3 什么是物业管理行政法律责任？承担行政法律责任的方式有哪些？

行政法律责任，是指行政主体或行政相对人的行为违反行政法律法规而依法必须承担的不利法律后果。按照行为主体进行划分，行政法律责任分为两类：一类称违法行政责任，是指行政机关及其工作人员在实施行政管理行为中的违法失职行为而承担的不利法律后果；一类称行政违法责任，是指公民、法人或其他组织等行政相对人，因违反行政管理法律、法规而承担的不利法律后果。

根据不同的行政责任，其对应的行政责任的承担方式也分为两类：

一类是行政处罚，它指的是国家行政机关或者授权的组织，对公民、法人或者其他组织违反行政管理法律、法规行为所实施的制裁。根据《行政处罚法》第8条的规定，行政处罚的种类主要有警告；罚款；没收违法所得、没收非法财物；责令停产停业；暂扣或吊销许可证、暂扣或者吊销执照；行政拘留以及法律、行政法规规定的其他行政处罚。如《物业管理条例》第60条规定："违反本条例的规定，未取得资质证书从事物业管理的，由县级以上地方人民政府房地产行政主管部门没收违法所得，并处5万元以上20万元以下的罚款；给业主造成损失的，依法承担赔偿责任。以欺骗手段取得资质证书的，依照本条第一款规定处罚，并由颁发资质证书的部门吊销资质证书。"其中，未取得资质证书从事物业管理是一种行政违法行为，它违反了房地产管理部门对物业服务企业从事资质管理的规定。对这种违法行为，物业服务企业要承担行政违法责任，行政机关要对其进行行政处罚，所以要没收违法所得，并处5万元以上20万元以下的罚款；以欺骗手段取得资质证书的，还要吊销其资质证书。给业主造成损失的，依法承担赔偿责任，承担的是民事法律责任。所以这也体现了物业管理法律责任的复杂性。

一类是行政处分，它指的是国家机关、企事业单位依据国家法律、法规或国家机关、企事业单位的规章制度的规定，根据行政隶属关系对其所属工作人员中的违法行为或违反法律行为的一种内部制裁。根据《行政监察法》规定，行政处分主要包括警告、记过、记大过、降级、降薪、撤职、留用察看、开除 8 种。如《物业管理条例》第 69 条规定：“违反本条例的规定，国务院建设行政主管部门、县级以上地方人民政府房地产行政主管部门或者其他有关行政管理部门的工作人员利用职务上的便利，收受他人财物或者其他好处，不依法履行监督管理职责……依法给予行政处分。”这就是行政机关工作人员违法行政所要承担的行政处分的法律责任。

4 什么是物业管理刑事责任？承担刑事责任的方式有哪些？

刑事法律责任是指行为人因违反刑事法律规范而引起的法律责任。刑事法律责任是法律责任中最严重的一种，其承担方式是刑事处罚，分为两类：一是主刑，包括管制、拘役、有期徒刑、无期徒刑和死刑；二是附加刑，包括罚金、没收财产和剥夺政治权利。对于刑事附带民事责任的非刑罚方法，主要包括赔偿经济损失或赔偿损失、接受训诫、具结悔过、赔礼道歉。如《物业管理条例》第 69 条规定：“违反本条例的规定，国务院建设行政主管部门、县级以上地方人民政府房地产行政主管部门或者其他有关行政管理部门的工作人员利用职务上的便利，收受他人财物或者其他好处，不依法履行监督管理职责，或者发现违法行为不予查处，构成犯罪的，依法追究刑事责任。”这就是规定的对行政机关工作人员受贿行为、玩忽职守行为、徇私舞弊行为的刑事责任。

5 挪用专项维修资金要承担什么样的法律责任？

专项维修资金依法属于业主所有，专项用于物业保修期满后物业共用部位、共用设施设备的维修和更新、改造，不得挪作他用。专项维修资金应当在银行专户存储，专款专用。对于专项维修资金的管理人或者代管人挪用专项维修资金的行为，严重侵犯了业主对专项维修资金的所有权和对物业进行维修养护的权利，因此，要受到法律的追究。根据有关法律、法规的规定，挪用专项维修资金的法律责任有行政责任和刑事责任两种。

对挪用专项维修资金的行为，《物业管理条例》第 63 条规定，违反本条例挪用专项维修资金的，由县级以上地方人民政府房地产行政主管部门追回挪用的专项维修资金，给予警告，没收违法所得，可以并处挪用数额 2 倍以下的罚款；物业服务企业挪用专项维修资金，情节严重的，并由颁发资质证书的部门吊销资质证书；构成犯罪的，依法追究直接负责的主管人员和其他直接责任人员的刑事责任。

6 什么是物业管理纠纷？物业管理纠纷有哪些？

物业管理纠纷是指在物业管理活动中，物业管理法律关系的主体，即业主、业主大会、业主委员会、物业使用人、物业服务企业以及政府行政主管部门等在物业的使用、维修、管理活动中发生的争执。一般包括：（1）前期物业管理纠纷，如物业出售单位是否承担物业保修期限和保修范围的纠纷，前期物业服务费用承担的纠纷。（2）物业相邻权纠纷等。即互为相邻关系的业主在使用物业过程中发生的纠纷。（3）物业使用纠纷，如业主及使用人是否有法律法规规定的物业使用中禁止行为的纠纷，业主及使用人在装修物业时的纠纷等。(4) 物业维修养护纠纷，如物业维修费用承担的纠纷，物业维修基金的设立和管理的纠纷等。(5) 物业服务纠纷，如对物业服务收费是否合理的纠纷，物业服务行为是否达到物业管理委托合同要求的纠纷。(6) 物业行政纠纷，如政府有关部门对物业管理区域内违反市容、环保、绿化等城市管理规定行为进行处罚和处理的纠纷等。

7 物业管理纠纷的处理方式有哪些？

物业管理纠纷处理方式，概括起来有以下几种：（一）协商；（二）调解；（三）行政复议；（四）仲裁；（五）诉讼。以上几种方式孰优孰劣，难作评定，当事人可以自己决定。

（一）协商

协商是由物业管理纠纷的当事人，依据有关的法律、法规以及管理规约和合同的规定，自愿进行磋商、协调，从而解决物业管理纠纷的一种方式。这是最常见的方式。物业管理纠纷发生后，当事人双方应在自愿平等的基础上，互谅互让，实事求是，通过协商解决纠纷。当事人自行协商达成一致意见后，需要注意的是所达成的协议必须要符合我国的法律法规，特别是物业管理法律法规的规定，并且不得损害国家、集体以及其他业主、物业使用人的合法权益。

（二）调解

调解是指当事人之间发生物业管理纠纷时，由第三人来主持引导当事人进行协商活动，在坚持自愿原则和合法原则的基础上，双方经过协商，自愿达成一致，解决纠纷的一种方式。

一般来讲，根据调解人的身份不同，又分为民间调解、行政调解、司法调解三种。

民间调解一般是指由当事人在律师、调解员和其他人员的主持下，进行协商，从而达成一致，解决纠纷的一种调解方式。这种调解具有典型的民间性质，双方达成的调解书虽有一定的约束力，但主要靠当事人的自觉履行。此种方式的调解不具有法律效力。调解结束后，当事人一方如不执行，则前功尽弃。

行政调解是指在国家有关行政主管机关的主持下进行的调解，具有行政性。调解书具有法律效力，若一方不履行调解书的内容，另一方面当事人可以依行政调解书向法院申请强制执行。若一方反悔，推翻行政调解书的唯一方式就是向法院起诉。

司法调解。一般来讲，司法调解指的是法院的调解，就是在审判人员的主持下进行的调解，调解达成的，制作调解书，调解不成的则作出判决。所以这种调解与判决一样具有司法性质。这种调解书一经送达，当事人一方不得以同样的事实和理由向法院起诉另一方，同时也不得对调解提出上诉。当一方当事人不履行调解书的内容时，另一方可以申请法院强制执行。

（三）行政复议

行政复议指行政当事人对行政处罚或行政处理不服，在一定的期限内依法向上级行政机关提出重新处理的申请，上级行政机关依法重新进行复查、复审、复核、复验，并作出复议决定的活动。这种处理物业管理纠纷的方式主要是针对物业管理行政纠纷进行的。

（四）仲裁

仲裁是发生纠纷的当事人按照有关的规定，将有关双方间的争议提交仲裁机构，由仲裁机构以第三方的身份对争议的事实和权利义务作判断和解决的一种方式。在物业管理纠纷中，可以通过仲裁途径解决的应是民事性质的争议，主要是基于合同的纠纷或财产权益纠纷。根据《仲裁法》的规定："平等主体的公民、法人或其他组织之间发生的合同纠纷和其他财产权益纠纷，可以仲裁。"

仲裁机构管辖物业管理纠纷的依据是当事人签订的仲裁协议。仲裁协议有两种方式：一种是在订立合同时就约定一个条款，说明一旦有争议就提交仲裁，这叫仲裁条款；另一种方式是双方当事人出现纠纷后临时达成提交仲裁机构的书面协议。仲裁协议要写明以下内容：（1）请求仲裁的意思表示；（2）仲裁事项；（3）选定的仲裁委员会。达成仲裁协议的争议，不得向法院起诉；即使起诉，法院也不受理。

物业管理纠纷仲裁处理的一般程序是：

（1）一方当事人向选定的仲裁委员会提交仲裁申请书；

（2）委员会于收到申请书后 5 日内决定立案或不立案；

（3）立案后在规定期限内将仲裁规则和仲裁员名册送达申请人，并将仲裁申请书副本和仲裁规则、仲裁员名册送达被申请人；

（4）被申请人在规定期限内答辩，双方按名册选定仲裁员。普通程序审理时由 3 名仲裁员组成，双方各选 1 名，仲裁委员会指定 1 名任首席仲裁员；案情简单、争议标的小的，可以适用简易程序，由 1 名仲裁员审理；

（5）开庭：庭审调查质证、辩论、提议调解；

（6）制作调解书或调解不成时制作裁决书；

与司法审判的两审终审制不同，仲裁裁决是一裁终局的。

（五）诉讼

诉讼，又称为“打官司”，是指当事人向人民法院起诉、上诉、申诉，由人民法院按照法定程序处理案件，保护当事人的合法权益。在物业管理纠纷中，当事人通过诉讼方式解决民事、行政纠纷是较常见的方式。诉讼的管辖主体是人民法院。与仲裁明显不同，人民法院对已提交诉讼的当事人的管辖是强制性的。

物业管理民事纠纷的诉讼程序大体上有以下几个步骤：

(1) 一方当事人（原告）提交起诉状，起诉至法院；

(2) 法院审查立案后将起诉状副本送达被告；

(3) 被告提交答辩状；

(4) 开庭：调查、辩论、调解；

(5) 制作调解书或一审判决书；

(6) 双方均不上诉，则判决书生效；或一方不服提起上诉，进入第二审程序；

(7) 第二审审理：制作二审调解书或下达二审判决书，此为终审判决，不得上诉。

附　录

物业管理条例

（2003年6月8日中华人民共和国国务院令第379号公布，根据2007年8月26日《国务院关于修改〈物业管理条例〉的决定》修订，自2007年10月1日起施行）

第一章　总　　则

第一条　为了规范物业管理活动，维护业主和物业服务企业的合法权益，改善人民群众的生活和工作环境，制定本条例。

第二条　本条例所称物业管理，是指业主通过选聘物业服务企业，由业主和物业服务企业按照物业服务合同约定，对房屋及配套的设施设备和相关场地进行维修、养护、管理，维护物业管理区域内的环境卫生和相关秩序的活动。

第三条　国家提倡业主通过公开、公平、公正的市场竞争机制选择物业服务企业。

第四条　国家鼓励采用新技术、新方法，依靠科技进步提高物业管理和服务水平。

第五条　国务院建设行政主管部门负责全国物业管理活动的

监督管理工作。

县级以上地方人民政府房地产行政主管部门负责本行政区域内物业管理活动的监督管理工作。

第二章　业主及业主大会

第六条　房屋的所有权人为业主。

业主在物业管理活动中，享有下列权利：

（一）按照物业服务合同的约定，接受物业服务企业提供的服务；

（二）提议召开业主大会会议，并就物业管理的有关事项提出建议；

（三）提出制定和修改管理规约、业主大会议事规则的建议；

（四）参加业主大会会议，行使投票权；

（五）选举业主委员会成员，并享有被选举权；

（六）监督业主委员会的工作；

（七）监督物业服务企业履行物业服务合同；

（八）对物业共用部位、共用设施设备和相关场地使用情况享有知情权和监督权；

（九）监督物业共用部位、共用设施设备专项维修资金（以下简称专项维修资金）的管理和使用；

（十）法律、法规规定的其他权利。

第七条　业主在物业管理活动中，履行下列义务：

（一）遵守管理规约、业主大会议事规则；

（二）遵守物业管理区域内物业共用部位和共用设施设备的使用、公共秩序和环境卫生的维护等方面的规章制度；

（三）执行业主大会的决定和业主大会授权业主委员会作出的决定；

（四）按照国家有关规定交纳专项维修资金；

（五）按时交纳物业服务费用；

（六）法律、法规规定的其他义务。

第八条 物业管理区域内全体业主组成业主大会。

业主大会应当代表和维护物业管理区域内全体业主在物业管理活动中的合法权益。

第九条 一个物业管理区域成立一个业主大会。

物业管理区域的划分应当考虑物业的共用设施设备、建筑物规模、社区建设等因素。具体办法由省、自治区、直辖市制定。

第十条 同一个物业管理区域内的业主，应当在物业所在地的区、县人民政府房地产行政主管部门或者街道办事处、乡镇人民政府的指导下成立业主大会，并选举产生业主委员会。但是，只有一个业主的，或者业主人数较少且经全体业主一致同意，决定不成立业主大会的，由业主共同履行业主大会、业主委员会职责。

第十一条 下列事项由业主共同决定：

（一）制定和修改业主大会议事规则；

（二）制定和修改管理规约；

（三）选举业主委员会或者更换业主委员会成员；

（四）选聘和解聘物业服务企业；

（五）筹集和使用专项维修资金；

（六）改建、重建建筑物及其附属设施；

（七）有关共有和共同管理权利的其他重大事项。

第十二条 业主大会会议可以采用集体讨论的形式，也可以采用书面征求意见的形式；但是，应当有物业管理区域内专有部分占建筑物总面积过半数的业主且占总人数过半数的业主参加。

业主可以委托代理人参加业主大会会议。

业主大会决定本条例第十一条第（五）项和第（六）项规定的事项，应当经专有部分占建筑物总面积 2/3 以上的业主且占总人数 2/3 以上的业主同意；决定本条例第十一条规定的其他事项，应当经专有部分占建筑物总面积过半数的业主且占总人数过半数的业主同意。

业主大会或者业主委员会的决定，对业主具有约束力。

业主大会或者业主委员会作出的决定侵害业主合法权益的，受侵害的业主可以请求人民法院予以撤销。

第十三条 业主大会会议分为定期会议和临时会议。

业主大会定期会议应当按照业主大会议事规则的规定召开。经 20% 以上的业主提议，业主委员会应当组织召开业主大会临时会议。

第十四条 召开业主大会会议，应当于会议召开 15 日以前通知全体业主。

住宅小区的业主大会会议，应当同时告知相关的居民委员会。

业主委员会应当做好业主大会会议记录。

第十五条 业主委员会执行业主大会的决定事项，履行下列职责：

（一）召集业主大会会议，报告物业管理的实施情况；

（二）代表业主与业主大会选聘的物业服务企业签订物业

服务合同；

（三）及时了解业主、物业使用人的意见和建议，监督和协助物业服务企业履行物业服务合同；

（四）监督管理规约的实施；

（五）业主大会赋予的其他职责。

第十六条 业主委员会应当自选举产生之日起30日内，向物业所在地的区、县人民政府房地产行政主管部门和街道办事处、乡镇人民政府备案。

业主委员会委员应当由热心公益事业、责任心强、具有一定组织能力的业主担任。

业主委员会主任、副主任在业主委员会成员中推选产生。

第十七条 管理规约应当对有关物业的使用、维护、管理，业主的共同利益，业主应当履行的义务，违反管理规约应当承担的责任等事项依法作出约定。

管理规约应当尊重社会公德，不得违反法律、法规或者损害社会公共利益。

管理规约对全体业主具有约束力。

第十八条 业主大会议事规则应当就业主大会的议事方式、表决程序、业主委员会的组成和成员任期等事项作出约定。

第十九条 业主大会、业主委员会应当依法履行职责，不得作出与物业管理无关的决定，不得从事与物业管理无关的活动。

业主大会、业主委员会作出的决定违反法律、法规的，物业所在地的区、县人民政府房地产行政主管部门或者街道办事处、乡镇人民政府，应当责令限期改正或者撤销其决定，并通告全体业主。

第二十条 业主大会、业主委员会应当配合公安机关，与居民委员会相互协作，共同做好维护物业管理区域内的社会治安等相关工作。

在物业管理区域内，业主大会、业主委员会应当积极配合相关居民委员会依法履行自治管理职责，支持居民委员会开展工作，并接受其指导和监督。

住宅小区的业主大会、业主委员会作出的决定，应当告知相关的居民委员会，并认真听取居民委员会的建议。

第三章 前期物业管理

第二十一条 在业主、业主大会选聘物业服务企业之前，建设单位选聘物业服务企业的，应当签订书面的前期物业服务合同。

第二十二条 建设单位应当在销售物业之前，制定临时管理规约，对有关物业的使用、维护、管理，业主的共同利益，业主应当履行的义务，违反临时管理规约应当承担的责任等事项依法作出约定。

建设单位制定的临时管理规约，不得侵害物业买受人的合法权益。

第二十三条 建设单位应当在物业销售前将临时管理规约向物业买受人明示，并予以说明。

物业买受人在与建设单位签订物业买卖合同时，应当对遵守临时管理规约予以书面承诺。

第二十四条 国家提倡建设单位按照房地产开发与物业管理相分离的原则，通过招投标的方式选聘具有相应资质的物业服务企业。

住宅物业的建设单位，应当通过招投标的方式选聘具有相应资质的物业服务企业；投标人少于3个或者住宅规模较小的，经物业所在地的区、县人民政府房地产行政主管部门批准，可以采用协议方式选聘具有相应资质的物业服务企业。

第二十五条 建设单位与物业买受人签订的买卖合同应当包含前期物业服务合同约定的内容。

第二十六条 前期物业服务合同可以约定期限；但是，期限未满、业主委员会与物业服务企业签订的物业服务合同生效的，前期物业服务合同终止。

第二十七条 业主依法享有的物业共用部位、共用设施设备的所有权或者使用权，建设单位不得擅自处分。

第二十八条 物业服务企业承接物业时，应当对物业共用部位、共用设施设备进行查验。

第二十九条 在办理物业承接验收手续时，建设单位应当向物业服务企业移交下列资料：

（一）竣工总平面图，单体建筑、结构、设备竣工图，配套设施、地下管网工程竣工图等竣工验收资料；

（二）设施设备的安装、使用和维护保养等技术资料；

（三）物业质量保修文件和物业使用说明文件；

（四）物业管理所必需的其他资料。

物业服务企业应当在前期物业服务合同终止时将上述资料移交给业主委员会。

第三十条 建设单位应当按照规定在物业管理区域内配置必要的物业管理用房。

第三十一条 建设单位应当按照国家规定的保修期限和保修范围，承担物业的保修责任。

第四章 物业管理服务

第三十二条 从事物业管理活动的企业应当具有独立的法人资格。

国家对从事物业管理活动的企业实行资质管理制度。具体办法由国务院建设行政主管部门制定。

第三十三条 从事物业管理的人员应当按照国家有关规定，取得职业资格证书。

第三十四条 一个物业管理区域由一个物业服务企业实施物业管理。

第三十五条 业主委员会应当与业主大会选聘的物业服务企业订立书面的物业服务合同。

物业服务合同应当对物业管理事项、服务质量、服务费用、双方的权利义务、专项维修资金的管理与使用、物业管理用房、合同期限、违约责任等内容进行约定。

第三十六条 物业服务企业应当按照物业服务合同的约定，提供相应的服务。

物业服务企业未能履行物业服务合同的约定，导致业主人身、财产安全受到损害的，应当依法承担相应的法律责任。

第三十七条 物业服务企业承接物业时，应当与业主委员会办理物业验收手续。

业主委员会应当向物业服务企业移交本条例第二十九条第一款规定的资料。

第三十八条 物业管理用房的所有权依法属于业主。未经业主大会同意，物业服务企业不得改变物业管理用房的用途。

第三十九条 物业服务合同终止时，物业服务企业应当将物业管理用房和本条例第二十九条第一款规定的资料交还给业主委员会。

物业服务合同终止时，业主大会选聘了新的物业服务企业的，物业服务企业之间应当做好交接工作。

第四十条 物业服务企业可以将物业管理区域内的专项服务业务委托给专业性服务企业，但不得将该区域内的全部物业管理一并委托给他人。

第四十一条 物业服务收费应当遵循合理、公开以及费用与服务水平相适应的原则，区别不同物业的性质和特点，由业主和物业服务企业按照国务院价格主管部门会同国务院建设行政主管部门制定的物业服务收费办法，在物业服务合同中约定。

第四十二条 业主应当根据物业服务合同的约定交纳物业服务费用。业主与物业使用人约定由物业使用人交纳物业服务费用的，从其约定，业主负连带交纳责任。

已竣工但尚未出售或者尚未交给物业买受人的物业，物业服务费用由建设单位交纳。

第四十三条 县级以上人民政府价格主管部门会同同级房地产行政主管部门，应当加强对物业服务收费的监督。

第四十四条 物业服务企业可以根据业主的委托提供物业服务合同约定以外的服务项目，服务报酬由双方约定。

第四十五条 物业管理区域内，供水、供电、供气、供热、通信、有线电视等单位应当向最终用户收取有关费用。

物业服务企业接受委托代收前款费用的，不得向业主收取手续费等额外费用。

第四十六条 对物业管理区域内违反有关治安、环保、物业装饰装修和使用等方面法律、法规规定的行为，物业服务企业应当制止，并及时向有关行政管理部门报告。

有关行政管理部门在接到物业服务企业的报告后，应当依法对违法行为予以制止或者依法处理。

第四十七条 物业服务企业应当协助做好物业管理区域内的安全防范工作。发生安全事故时，物业服务企业在采取应急措施的同时，应当及时向有关行政管理部门报告，协助做好救助工作。

物业服务企业雇请保安人员的，应当遵守国家有关规定。保安人员在维护物业管理区域内的公共秩序时，应当履行职责，不得侵害公民的合法权益。

第四十八条 物业使用人在物业管理活动中的权利义务由业主和物业使用人约定，但不得违反法律、法规和管理规约的有关规定。

物业使用人违反本条例和管理规约的规定，有关业主应当承担连带责任。

第四十九条 县级以上地方人民政府房地产行政主管部门应当及时处理业主、业主委员会、物业使用人和物业服务企业在物业管理活动中的投诉。

第五章 物业的使用与维护

第五十条 物业管理区域内按照规划建设的公共建筑和共用设施，不得改变用途。

业主依法确需改变公共建筑和共用设施用途的，应当在依法办理有关手续后告知物业服务企业；物业服务企业确需改变公共建筑和共用设施用途的，应当提请业主大会讨论决定同意后，由业主依法办理有关手续。

第五十一条 业主、物业服务企业不得擅自占用、挖掘物业管理区域内的道路、场地，损害业主的共同利益。

因维修物业或者公共利益，业主确需临时占用、挖掘道路、场地的，应当征得业主委员会和物业服务企业的同意；物业服务企业确需临时占用、挖掘道路、场地的，应当征得业主委员会的同意。

业主、物业服务企业应当将临时占用、挖掘的道路、场地，在约定期限内恢复原状。

第五十二条 供水、供电、供气、供热、通信、有线电视等单位，应当依法承担物业管理区域内相关管线和设施设备维修、养护的责任。

前款规定的单位因维修、养护等需要，临时占用、挖掘道路、场地的，应当及时恢复原状。

第五十三条 业主需要装饰装修房屋的，应当事先告知物业服务企业。

物业服务企业应当将房屋装饰装修中的禁止行为和注意事项告知业主。

第五十四条 住宅物业、住宅小区内的非住宅物业或者与单幢住宅楼结构相连的非住宅物业的业主，应当按照国家有关规定交纳专项维修资金。

专项维修资金属于业主所有，专项用于物业保修期满后物业共用部位、共用设施设备的维修和更新、改造，不得挪作他用。

专项维修资金收取、使用、管理的办法由国务院建设行政主管部门会同国务院财政部门制定。

第五十五条 利用物业共用部位、共用设施设备进行经营的，应当在征得相关业主、业主大会、物业服务企业的同意后，按照规定办理有关手续。业主所得收益应当主要用于补充专项维修资金，也可以按照业主大会的决定使用。

第五十六条 物业存在安全隐患，危及公共利益及他人合法权益时，责任人应当及时维修养护，有关业主应当给予配合。

责任人不履行维修养护义务的，经业主大会同意，可以由物业服务企业维修养护，费用由责任人承担。

第六章 法律责任

第五十七条 违反本条例的规定，住宅物业的建设单位未通过招投标的方式选聘物业服务企业或者未经批准，擅自采用协议方式选聘物业服务企业的，由县级以上地方人民政府房地产行政主管部门责令限期改正，给予警告，可以并处10万元以下的罚款。

第五十八条 违反本条例的规定，建设单位擅自处分属于业主的物业共用部位、共用设施设备的所有权或者使用权的，由县级以上地方人民政府房地产行政主管部门处5万元以上20万元以下的罚款；给业主造成损失的，依法承担赔偿责任。

第五十九条 违反本条例的规定，不移交有关资料的，由县级以上地方人民政府房地产行政主管部门责令限期改正；逾期仍不移交有关资料的，对建设单位、物业服务企业予以通报，处1万元以上10万元以下的罚款。

第六十条 违反本条例的规定，未取得资质证书从事物业管理的，由县级以上地方人民政府房地产行政主管部门没收违法所得，并处5万元以上20万元以下的罚款；给业主造成损失的，依法承担赔偿责任。

以欺骗手段取得资质证书的，依照本条第一款规定处罚，并由颁发资质证书的部门吊销资质证书。

第六十一条 违反本条例的规定，物业服务企业聘用未取得物业管理职业资格证书的人员从事物业管理活动的，由县级以上地方人民政府房地产行政主管部门责令停止违法行为，处5万元以上20万元以下的罚款；给业主造成损失的，依法承担赔偿责任。

第六十二条 违反本条例的规定，物业服务企业将一个物业管理区域内的全部物业管理一并委托给他人的，由县级以上地方人民政府房地产行政主管部门责令限期改正，处委托合同价款30%以上50%以下的罚款；情节严重的，由颁发资质证书的部门吊销资质证书。委托所得收益，用于物业管理区域内物业共用部位、共用设施设备的维修、养护，剩余部分按照业主大会的决定使用；给业主造成损失的，依法承担赔偿责任。

第六十三条 违反本条例的规定，挪用专项维修资金的，由县级以上地方人民政府房地产行政主管部门追回挪用的专项维修资金，给予警告，没收违法所得，可以并处挪用数额2倍以下的罚款；物业服务企业挪用专项维修资金，情节严重的，并由颁发资质证书的部门吊销资质证书；构成犯罪的，依法追究直接负责的主管人员和其他直接责任人员的刑事责任。

第六十四条 违反本条例的规定，建设单位在物业管理区域内不按照规定配置必要的物业管理用房的，由县级以上地方人民政府房地产行政主管部门责令限期改正，给予警告，没收违法所得，并处10万元以上50万元以下的罚款。

第六十五条 违反本条例的规定，未经业主大会同意，物业服务企业擅自改变物业管理用房的用途的，由县级以上地方人民政府房地产行政主管部门

民政府房地产行政主管部门责令限期改正，给予警告，并处1万元以上10万元以下的罚款；有收益的，所得收益用于物业管理区域内物业共用部位、共用设施设备的维修、养护，剩余部分按照业主大会的决定使用。

第六十六条 违反本条例的规定，有下列行为之一的，由县级以上地方人民政府房地产行政主管部门责令限期改正，给予警告，并按照本条第二款的规定处以罚款；所得收益，用于物业管理区域内物业共用部位、共用设施设备的维修、养护，剩余部分按照业主大会的决定使用：

（一）擅自改变物业管理区域内按照规划建设的公共建筑和共用设施用途的；

（二）擅自占用、挖掘物业管理区域内道路、场地，损害业主共同利益的；

（三）擅自利用物业共用部位、共用设施设备进行经营的。

个人有前款规定行为之一的，处1000元以上1万元以下的罚款；单位有前款规定行为之一的，处5万元以上20万元以下的罚款。

第六十七条 违反物业服务合同约定，业主逾期不交纳物业服务费用的，业主委员会应当督促其限期交纳；逾期仍不交纳的，物业服务企业可以向人民法院起诉。

第六十八条 业主以业主大会或者业主委员会的名义，从事违反法律、法规的活动，构成犯罪的，依法追究刑事责任；尚不构成犯罪的，依法给予治安管理处罚。

第六十九条 违反本条例的规定，国务院建设行政主管部门、县级以上地方人民政府房地产行政主管部门或者其他有关行政管理部门的工作人员利用职务上的便利，收受他人财物或者其他好处，不依法履行监督管理职责，或者发现违法行为不予查处，构成犯罪的，依法追究刑事责任；尚不构成犯罪的，依法给予行政处分。

第七章 附 则

第七十条 本条例自2003年9月1日起施行。